なぜか思考停止するリーダー

MBAホルダーに見る［リーダーの落とし穴］

The Leaders Who Stop Thinking for Some Reasons

グローバルタスクフォース代表取締役
山中英嗣

総合法令

まえがき

「わかる」レベルと「できる」レベルの違い

なぜ同じ学習や経験をしていても、できるリーダーとできないリーダーに分かれるのでしょうか？

同じMBA、いえ、同じハーバード大学卒業MBAでも、なぜ労働市場での評価が完全に分かれるのでしょうか。また、なぜみなに慕われ、継続的にパフォーマンスを上げ、経済界、ひいては国全体を変えていけるだけの魅力を持つMBAホルダーがいる一方で、アルバイト以下の評価しか受けられないMBAホルダーが存在するのでしょうか？

本書は、筆者が1000人以上の海外MBAホルダーと出会ってきた中で実際に見てきた事例をもとに、そこから得られた気づきをまとめたものです。

しかし、一方で、これらはMBAに限ったことではなく、広くビジネスマン全般に見られる問題です。したがって、本書に出てくる「MBA」という言葉は、ぜひ自分の「上司」や「同僚」、「経営者」や「〇〇〇（固有名詞）」に替えて読み進めてください。

本書では、「官僚の頭は固いからダメだ」とか、「MBAは実務家でないからダメだ」とか、「金融業界に行く人は金の亡者だからダメだ」的な一般論を考えることはしません。そろそろ、このようにどこまで行っても一般論、抽象論のみに終始するナンセンスな議論は止めにして、発展的に本物のリーダー育成のため、「超」がつく具体的な議論をしていく必要があるのではないでしょうか？

日本におけるリーダー存亡の危機

１９８０年代から１９９０年初頭にかけて続いた日本経済の黄金時代の強みが失われた今でも、企業の危機意識は低く、リーダーをはじめとする高付加価値層とそれ以外の低付加価値層の二極化が刻々と進んでいます。

超少子高齢化を突き進む日本において、私たちが進むべきなのは「知識労働」を追求する道しかありません。「単純労働」に基づく経済活動はすでに海外にとって替えられつつあります。それどころか「単純労働」のみならず、「知識労働」でさえも、人口の多い他のアジア諸国が持つ豊富なリーダー層に勝ち続ける保証はどこにもありません。

本質的な能力以上に、根回しや飲み会でのコミュニケーション能力で差別化されてきたかもしれない時代が終わった今、日本に残された高付加価値リーダー層そのものが圧倒的に欠けています。特に他のアジア諸国がその豊富な人材力と強烈なマインドに牽引されて経済が発展している中、日本のプロフェッショナルの多くが、日本国内だけでお山の大将になって満足しているようにも見えます。能力云々以前に、他の諸国のプロ人材に比べ、完全にマインドの部分で負けてしまっているのかもしれません。

この危機感をもって、ＭＢＡをはじめとするマネジメント教育、リーダー教育を考えたとき、単に個別の能力だけに頼って育ったものだけを引き上げていくだけでは、「まったく追いつかない（足りない）」のは火を見るよりも明らかです。

人はそれぞれ違うので、いくら一般論が意味ないと言っても、できないＭＢＡホルダーが存在するのも事実です（それはＭＢＡに限らず、どの分野でも言えますが）。

しかし、だからと言って、「ＭＢＡはやっぱりダメだ」と抽象化してしまうと、いつもどおりの「気づきの足りない思いつき」から脱皮できません。ここでは冷静に「できるＭＢＡホルダーとできないＭＢＡホルダーの違いは何か？」、そして「その違いが存在するのはなぜか？」と具体的に掘り下げて考えることで、新たな現場へ応用する際の気づきとして自分の思考を変えたり、反面教師にして自分の行動を変えようとすることは非常に意味のあることではないでしょうか？

「通勤大学MBAシリーズ」と著者のバックグラウンド

これまで、「通勤大学MBAシリーズ」を読まれた読者のみなさんの中で、著者であるグローバルタスクフォースのプロフィールを読まれた方もいらっしゃると思います。この機会に、「どのような必然性」で「通勤大学MBAシリーズ」を書き、さらに今回その補講編とも言うべき本書の発刊に至ったのかという経緯を簡単にお伝えしたいと思います。

私たちの母体はビジネススクールそのものです。1997年イギリスのロンドン・ビジネス・スクール内で立ち上げられたMBA卒業生向けキャリア支援プロジェクト"The Workplace"に端を発します。

同組織は、ビジネススクールにとって唯一の資産と言えるMBA卒業生が活躍するためのキャリア支援を目的に作られた組織です。それまで卒業と同時に年に1度のニュースレターや個別の同窓会といったものでしかMBA卒業生とコンタクトを取れずにいたことを「スクールの損失」と捉え、より積極的にMBA卒業生が興味を持つキャリア情報を提供することで、彼らの活躍をバックアップするところまでをスクールの役割と捉えようと考えたのが始まりでした。そして、卒業生の活躍を通して、産業界を盛り上げると同時に、自分たちのスクールの評価を向上させようというものです。

1999年にはロンドン・ビジネス・スクールのファンドを中心に、英国にて法人化されました。同校のみならず、スタンフォード大学やノースウェスタン大学（ケロッグ校）やＭＩＴ（スローン校）など世界18カ国の主要ビジネススクール58校、約40万人（うち日本人ＭＢＡ卒業生1万2000人）のＭＢＡホルダーを抱える組織へと進化し、日本においても2000年に法人化されました。

ところが、日本においては、本来活躍すべき35歳前後のミドルマネジメント人材の流動化が少なく、一部の外資系コンサルティングファームや外資系金融機関、そしてベンチャー企業を除いて、ＭＢＡ卒業生が活躍する場が少なかったと言えます。そこで、2001年に単なるキャリア支援だけでなく、わたしたち自身が主体的に人材・経営支援に取り組むため、ミスマッチの大きい採用支援ではなく、常駐による業務支援（出向）を本業に据えることとしました。

それをきっかけに日本の法人の役割を「新たな市場を作るための挑戦」と捉え、他の市場とは一線を画してＭＢＡ卒業生のキャリア支援のみならず企業向けの常駐業務支援（出向）と合わせて、ＭＢＡ領域の教育そのものも啓蒙していこうと考えました。日本の伝統的な大企業の主任であっても、新入社員であっても、内定者であっても、その原理原則の重要性を説く必要性を認識したからです。その結果の１つの形が「通勤大学ＭＢＡシリーズ」です。

それまでも鳥瞰図的なＭＢＡ書籍は存在していましたが、分厚く、値段も高めで、「気軽に学べる」目的のものではありませんでした。私たちは「ＭＢＡの意味」はあくまで、⑴まず「浅く、広く」経営領域に関する前提となる原理原則を理解すること、⑵その上で、場面ごとの状況に当てはめた意思決定を行うこと、ととらえており、１つひとつの個別理論に難しいものは１つもないというスタンスに立っています。つまり、原理原則自体は、新入社員であっても学習できるものと捉えています。難しいのは、その原理原則を⑵の業界や個別企業という環境に当てはめるとどうなるかという応用のところです。このスタンスと「やさしく」、「おもしろく」、「ためになる」本を出版するという総合法令出版の明確なコンセプトに基づき、「帰りはマンガでもよいが、行きの通勤電車くらいは勉強しよう」という「通勤大学ＭＢＡシリーズ」が生まれました。

本書の「通勤大学MBA」との位置づけ

このように、中立的な意思決定のために幅広い経営の原理原則の重要性、つまり、MBA卒業生の存在価値を実証するためには、MBAそのものをもっと知っていただくというプロセスが必要でした。

一方、2001年から発刊が始まった「通勤大学MBAシリーズ」はシリーズ計60万部を超えるヒットとなり、今日に至るまで20冊近いタイトルが出版され、「まずは知識武装」という目的はほぼ達成されたと言えます。次はその知識武装された理論を、いかに現場の仕事に結びつけていくかという数段難しい（しかし本来の）挑戦をしなければなりません。

そして、そのためには、単にマネジメントの原理原則を個別に学んだだけでは十分ではありません。単に経営の原理原則を「理論的にはわかった」というレベルと「それを実践して結果を出せる」ことの間には雲泥の違いがあるからです。

これらを明確にするためには、多くの事例からより多くの気づきを共有し続けることが必要です。そのため、通勤大学MBAシリーズで述べてきた、いわゆる、①体系的理解を促す、②世界の原典（スタンダード）に忠実な原理原則の③箇条書き的サマリーの補完として、本書では①日々の意思決定の「落とし穴」に関する②「失敗事例」から得られる、③「気づき」のポイントをまとめさせていただきました。

	ベース	コンテンツ	まとめ方	焦点
通勤大学MBAシリーズ	原典	原理原則	箇条書き	原理原則の理解
本書	現場事例	落とし穴	失敗事例	気づきの獲得

魂の入ったリーダーの輩出を目指して

できない部下のいる組織と、できないリーダーがいる組織を比べたとき、その影響度は後者のほうが甚大であることは言うまでもありません。後者の組織は悲劇です。だからこそ、まず優秀なリーダー予備群を作る必要があるのです。

また、私たちの想いとして、単に優秀なリーダーを輩出するだけでは足りません。世界の経済を牽引していけるような器の大きいリーダーを日本からも多く輩出していくことが重要であると考えます。そして、そのための基準の1つが「オーナーシップ」感覚です。

オーナーシップ型リーダーとは、所有者意識を持ったリーダーと直訳されるかもしれませんが、身銭を切って会社を運営するオーナー経営者のように、「極限まで高い当事者意識」を持ったリーダーを指しています。
私たちは、今後も究極の当事者意識を持ったリーダーの育成と活躍支援を自社のミッションとし、オーナーシップ・マネジメント・カンパニーを目指します。その上で、決して急成長をめざすのではなく、新たな価値を国内外に産み出していけるよう、一歩一歩地に足をつけて着実に前進してまいりたいと思います。

■謝辞
本書の出版にあたり、総合法令出版の代表取締役・仁部亨氏、竹下祐治氏、田所陽一氏、古森綾氏に感謝の意を表します。また、功刀悦夫氏からは貴重な意見をいただきました、
そして、最後に1997年から現在のGlobal Workplaceのネットワークを構築するに至るまですべてのきっかけを生み出し、日本における活動を「世界展開のための戦略拠点」と捉えて、新たな事業やサービスを開始するゴーサインをいただいたワールドワイドの創業者ウィリアム・アーチャー（ロンドン・ビジネス・スクール）に感謝します。

2006年1月

グローバルタスクフォース（GTF）　代表取締役　山中英嗣

目次

第4章　お山の大将リーダー

第5章　薄っぺら人間型リーダー

装丁 冨澤 崇(EBranch)
本文イラスト 大橋 ケン

第1章
凝り固まった頭をぶっ壊せ

なかなか壊せない“自分ルール”

「既存の枠にとらわれるな」、「気づきを得なさい」、「もっと頭を使え」

企業では日々、上司から部下に対して、これらの声がかけられています。

しかし、上司である自分たちの話に視点を持ってくると、むしろ部下以上に既存の枠にとらわれていたり、思考停止をしたまま意思決定をしているケースが多いことも事実です。

「既存の枠にとらわれるな」と言いつつ、「今の若いものは……」、「外資はすぐ首切りをする」、「東大卒は使えない」、「ＭＢＡは頭でっかちだ」と切り捨てる。

部下に言う前に私たちが気をつけなければならない２つのケースがあります。

それは、

①単なる偏見だけで考えてしまう（因果関係がない場合、平均とバラつき、偏差が異なる）

というケースと、

②傾向を知っても意味がない（その意思決定のために全体の傾向は不要な）

ケースです。

【落とし穴①根拠がなく、単なる偏見で思考するケース（因果関係がない場合）】

まず、①単なる偏見であるケースですが、これは文字通り「そういった印象がある」といったレベルの話で、何ら明確な裏づけはありません。経営コンサルタントがクライアントに痛いところを突かれて、苦し紛れに放つ「普通に考えてそうじゃないですか！（汗）」という開き直りと同レベルのものです。

たとえば、「東大卒は使えない！」。果たして、彼ら東大卒の多くは「本当は実力がないが、受験のテクニックや学閥だけで上り詰めた」のでしょうか？　このメッセージはいったいなんでしょう。統計的にそういった傾向があるということでしょうか？

これはわたしたちが無意識に口から出る典型的な思い込み主張です。

いや、ひょっとすると、たまたま周りにそのような人がいたのかもしれません。

確かに東大卒でできない人もいるでしょう。しかし、それは典型的な事実（法則）ではなく、例外的な事例かもしれません。逆に小学生や中卒、高卒ですばらしくできる人が存在することも事実でしょう。いないわけがありません。

しかし、だからと言って、「中卒のほうが優秀だ」と言うこともできませんし、「東大卒のほうができない」理由にはなりません。

また、例外的な事実をロジックの根拠にする落とし穴は統計でも見られます。

たとえば、年収1億円の人1人と400万円の人9人の全体の平均年収は1000万円を超えます。しかし、それを持って、これらの人たちは年収が高い傾向があるとは言えません。そのような統計の落とし穴を確認するために、平均ではなくバラつきを取ったり、偏差をとったりしますよね。

ですから、「東大卒は使えない」と言った場合、たとえ感情的に100%共感したとしても（笑）、本当にそのような傾向があるのかないのかといったこととは別問題として、考える必要があると思います。

ほかにもこんな例があります。

別世界に住む人事部長

ある日系の伝統的都市銀行の人事部長とお話をしたとき、「売り手市場で優秀な人材が取りづらくなってきていますが、いかがですか？」と質問したところ、次のような答えが返ってきました。

「うちは新聞に求人を載せるだけで5000名の応募があるんですよ。その中からピラミッドの上だけ順番に採用できているので、採用力があるんですよね。うちに限ってはまったく心配ありません。むしろ選別が大変なくらいです」

これを聞いたとき、思わず絶句（！）してしまったのですが、この人事部長の視点には応募する母集団の質が完全に抜け落ちていたのですね。

業界ではそれぞれリーダー企業が存在しており、特徴こそ違えど、最も優秀な人材の多くはその企業を目指して応募をしていきます。

コンサルティング業界であれば、マッキンゼー・アンド・カンパニー、投資銀行業界であれば、ゴールドマンサックスといったように。もちろんそれぞれ会社の「色（ミッションや方針）」があるため、単純な序列など存在しません。

しかし、この人事部長は、自分の銀行にそれらのリーダー企業を応募する人材がエントリーすらしていないことに気がついていないのです。

本来であれば、いかに最も優秀な人材にまず応募してもらえるように努力すべきかということから考えなければいけないのに、文字通りお山の大将状態です。気づきが足りないよい例ですね。

中には、「他社には単にIQが高いだけの人材はいるかもしれないが、ウチに来て欲しい人材はない」とおっしゃる人事もいらっしゃいますが、候補者の中身やライバルの方針すら把握せずに、物事を単純な思いつきで決めつける彼らの言葉は、口先だけの開き直り（逃げ）以外の何者でもありません。

身近でシンプルな例ですが、この件に限らず、意外と浅い思い込みで結論づけてしまっていることは多いんですよね。

【落とし穴②傾向を知っても意味がないことをあえて思考するケース（一般的な見解と個別の事実は異なる。その意思決定のために全体の傾向は不要な場合）

今度はもう1つの落とし穴を考えてみましょう。傾向を知っても意味がないというケースです。

「外資はすぐ首切りをする」というイメージについて考えてみましょう。これについては、「統計的」に「リストラをする傾向が高い」といった因果関係はあると思われますし、実際に、因果関係があったと仮定します。

しかし、もし自分がキャリアアップを考えている場合、外資は首切りのイメージがあるので外資からの誘いを断るというのは正しい意思決定でしょうか?

ここでは「全体的にそうだ」と抽象論をいくら唱えても意味がありませんよね。

外資すべての会社に就職するわけではないのですから。ある特定の外資系企業に興味があり、検討の段階で、そこが「首切りをする会社かどうか」を確認すればよいだけです。

外資であっても、日本以上に長期雇用&年功的な会社はいくらでもありますし、日本IBMなど完全に日本の企業文化と融合（Think Globally, and Act Locally）している会社はあるのです。同様に、事業提携をするときに、このような偏見に基づく傾向値のみで意思決定をする人はいないでしょう。

このように、無意識的に浅く抽象的な話ばかりを考えずに口から出てしまうことは、むしろ若手の新人よりも、わたしたちのように会社を率いていく上司のほうが多いのではないでしょうか。

もちろん、雑談レベルでは「東大卒って使えないよね」とか、「外資は好かん」とか、「MBAホルダーは机上の空論だけで動かない」という話をすることはストレス解消にはなるかもしれません。しかし、これらの主張には何のメッセージもないとまず自分自身が認識することが重要なのかもしれません。「なんて考えの浅い上司なんだ」、「思考停止リーダーだ」と思われ、部下の士気も減退させてしまうだけでしょうし、自分の精神衛生上、良いとも思えません（笑）。

あたりまえのことですが、これらはすべて、「どんなメッセージがあるのか」ということを考えた上で、口に出すことが重要です。ちょっと考えると、いかに意味のない発言かを自分自身で気づき、恥ずかしくなってしまうことも多いからです。

もし私たちがリサーチャーやアナリストなどのように、情報の整理をしたり、マクロな抽象論を唱えるだけならば、統計の落とし穴にはまらずに冷静に因果関係を分析することでOKかもしれません。しかし、もし私たちが企業のマネジャーであれば、意思決定する必要があるのです。したがって、どんな意思決定のためにどのような発言をしようとしているのかということを深く深く掘り下げて、自らにツッコミを入れながら考え、発言しなければならないのです。それでも気づかない（思考が変わらない）場合、言葉から変えてみることも有効かもしれません。日々部下や同僚に指導や意見を言う際、「これだと……が足りない」「このままでいくと、こんな不都合がある」と否定形の言葉に終始する上司をよく見かけますが、これら否定形コメントを徹底的に排除するのです。つまりこれらすべてを「こうするともっとよくなる」と肯定的に変えるだけです。自分の頭が前向き（問題解決思考）に切り替わるだけでなく、部下や同僚にとってみても、これまで「ダメな理由はいいから、具体的にどうすればいいかを教えて欲しい」となっていたのが、より前向きに改善点を把握できます。

いかがでしょうか？

これまでに、このような落とし穴に陥った思考を一度もしていない完璧なリーダーなど存在しません。重要なことは、これらを「認識」した上で、自分の思考の枠そのものを取り除くことです。

では、ゼロベース思考に近づいたところで、本編に入っていきましょう。

いつも
修羅場？

第2章
場当たり対応リーダー
気づき①正論は吐くがいつも行動が真逆になっていないか？

・常に例外対応
・いつも総論賛成、各論反対
・理念は単なる掛け声

正論VS真逆の行動

確かに会社の方針は重要、しかし、今は、この問題の解決が先決…
えーーと
？ ？

行動のギャップに気づかない場当たり対応リーダー

1 理念はユートピア？

●抽象的な正論だけを唱え続けるリーダー

どんな組織でも、上司に対する不満のほとんどは「言っていることに統一感がない」、「ココロコロと主張が変わる」、または「指示があいまいで、もっと具体的にしてほしい」というものです。

しかし、このようなリーダーの多くは、別に最初から悪代官のように、わざと確信犯で指示を変えるリーダーでも、単にポリシーがないリーダーでもないのが面倒なところです。

つまり、普段はみなの共感を得て、一般論としては正論を唱え、話すこともっともな、いわゆる「あるある感」のある主張をするリーダーに限って、実際の仕事の現場で意思決定をしようとする際には、正論とはまったく逆の指示を出す。このようなことが度重なると、優秀な部下を含めた組織全体が影でみな冷めてしまうことになるのですね。

●例外的な意思決定の連続

これはいったいなぜなのでしょう?

「うちはコンプライアンスを重視する、信頼性の高い会社を目指す。だから決して不正はするな!」と言いながら、月末や決算月には「とにかくボリュームインセンティブを獲得するため、あと受注を1人10社ずつとれ! 顧客には次の月にすぐ解約させてもいいから、とりあえずノルマを満たせ!」となる。

「品質が一番だから、決して中途半端な形で納品はするな!」と言いながら、「そんなにちまちま丁寧にやっている暇があったら、さっさと他の案件に移れ!」と指示がブレる。

「時間は守れ! 無駄な会議はするな!」と言いながら、自分たちは「役員会では、大変な議論がたくさんあるから、計画通りに進まないこともある」と規則を破る常習犯。

リーダーに言わせると、みな異口同音に「いやいや、それとこれはまったく別問題。みな管理職としての責任を持たないから、わからないんだよね〜。それは臨機応変と言うんだよ」と逆にため息交じりに愚痴をこぼします。つまり、本質論と実際の現場でのＴｏＤｏは次元が違うということでしょうか？

実際、これらのリーダーは「本質論はブレていない。ただ、通常時の対応と非常時の対応は別だろう。これらはみな例外的な意思決定なんだから」と言います。

自分は正しいと思い、正義感でやっていると思っているリーダーを持つ部下ほど悲惨な状況はありません。

具体的に、その原因を考えてみましょう。

2 現場の問題はすべて例外対応？

●一般的な問題と例外的な問題

優秀で、正義感の強いリーダーでも、このようにブレる意思決定をするリーダーになってしまう状況を生み出す原因の1つが、その状況における問題の認識の仕方にあると言えます。

私たちの仕事上のあらゆる問題は、一般的な法則に基づいて検討できる「一般的な問題」と、一般的な法則では説明し得ない「例外的な問題」の大きく2つに分けられます。先ほどのブレるリーダーの例は、この一般的な問題を例外的な問題と捉えて、すべて例外対応になってしまっているということなのかもしれません。

問題の種類
A：一般的な問題
①もともと一般的だった問題
②例外的だったものが一般的になった問題
B：例外的な問題

A：一般的な問題

①もともと一般的だった問題

もともと一般的だった問題は、実はわたしたちが直面する最も多い問題ですね。ある商品をメーカーから仕入れて販売するような事業の場合、採算ベースに乗る損益分岐点を設定し実行したが、まったく採算が合う状況が見えないような場合が、一般的な問題として挙げられます。

大型受注を取りながら、採算を何とか達人業（ワザ）で合わせたり、キャンペーンや派遣社員など人員増により売上げ増を図るなどの売上げ対策と同時に、固定費を下げるために人件費を圧縮するなど対処してきたが、それでも採算に合わせるのは難しい状況などがよくあります。一時的に採算を達成できても、同じ問題に毎回ぶつかってしまい、この問題を解決するには、後は売上げ増あるのみというケースがよくあります。このような場合、対処療法的な解決策を中心に、後手後手にまわって売上増という一点にすべてをかけても個々の問題は解決しないことがよくあります。

意思決定へ向けた問題とは

現状の問題点を、経費を賄うだけの「継続的な売上がない」と認識できれば、全体的な運営方針を見直し、自転車操業で無理なボリュームインセンティブ狙いでやっと目標売上げが達成できるようなものではなく、そもそも「継続的に安定的な売上をあげるには」というように、冷静に適正な対処策を検討すべきなのかもしれません。

その結果、今の営業体制では自転車操業から抜けられないので、そもそも「売る商品」を変えたり、「仕入れ先」を変えたり、「売る体制」を変えたりすることが先決かもしれません。

◎問題の本質（根）を深く追求する

このような場合における「重要な意思決定」とは、単視眼的に「販売増」を目標としてそのための対策を闇雲に考えることではありませんよね。儲けの仕組みを変えることができるのかどうか、できなければそれをカバーし得る販売数を見込むことができるのかどうかを考え、いずれも不可の場合は、その事業領域そのものを見直すような意思決定を先にすべきと言えます。つまり、事業そのものの採算性に関して検討するところから考え、決断することこそが意思決定なんですね。これが一般的な問題に対する意思決定の例です。

つまり問題の本質は考えれば明らかであるが、そこまで深く考えないから解決できない問題と言えます。それをせずに、本質的には真摯に営業をし、決算月の例外対応では「とにかく売りまくれ！」という論理は、たとえ部下が反論しなくても、完全にその方針の「ブレ」には疑問を通り越して「部下のあきらめ」が組織内に伝染しているものです。

例外的に見えるが一般的な問題

また、注意したいのは、表面的には例外的に見えても、実際には一般的な問題であることに気がつかない場合なんです。たとえば、もともと自社が提携したいと思っていた会社から独占的な提携相手として自社を指名してきたような場合は、一見例外的な問題に見えるかもしれませんよね。

だけど、当然この場合も意思決定をする上では、ごく一般的な問題であることを忘れてはいけません。もちろん、そのように冷静に認識することは実際難しいですが。

つまり、このとき「提携する」ことを前提に交渉をしてしまうと、通常では絶対に不可能な内容の契約に無理してサインをせざるを得なかったりしてしまいます。そんな経験ありませんか？

ここで重要なことは、「提携するためにはどうすればよいか」ということの前に、「どのような条件であれば提携すべきか」を検討し、意思決定しておくことと言えます。そして、その条件のもとで提携するとすれば、その会社しかないのか、他の会社がよいかなどの問題を検討するべきかもしれないのです。当たり前ですが、その状況を「例外的なチャンス！」と考えた瞬間、考えの前提が狂ってしまうことが多いと思いませんか？

◎問題の本質＝自社にとってのメリットを明確にして意思決定する（⇓「提携しない」という選択もある）
≠魅力的な提携先と契約し得る最善の内容を盛り込む（⇓「提携しない」という選択肢が消えている）

世間で注目されている会社から独占的な提携関係を結びたいという呼びかけがあった「通常めったにないケース」であるがゆえに、例外的な問題として意思決定することに多くの力を注ぐ必要性はありません。むしろ、それらの特異で余分な情報が「当社にとって最大限のメリットを生む提携とはどのような提携条件か」という本質を見えづらくし、意思決定にバイアスをつける恐れがあります。

②新たに一般的となった問題

一方で、今までは例外的でも、あるきっかけにより一般的になった問題とはどのようなものでしょうか。

たとえば、数百万、数千万分の1の確率で起こると言われる事故、たとえば、限りなく可能性が小さいと言われている原子力発電所の事故なども、製造ライン上の改善案や設計段階における新たな優れた技術が発見されたと同時に、一定の頻度で起こり続ける問題の最初の兆候として認識されることになりますよね。

◎今まで⇓例外的な課題（問題の仕組みが解明、または変異）

◎今後⇓一般的な課題となった←

ドラッカーも常々著書で述べていますが、本当に例外的な問題は、私たちが想像するほど存在しないものなんですね。逆に、今まで例外的であった問題が、あるきっかけで一般的になる事例は、実は比較的多く存在しているかもしれませんが。

先天性の奇形や狂牛病などの後天的に起こる病気なども、初めて発見された当初は真に例外的な問題として考えられていました。しかし、その後の分析や調査の結果、地域や環境、そして、食物原料などその原因と考えられる事実が少しずつ絞りこまれ、最終的に原因が判明されれば、一般的な解決法が見出されて、一般的な問題になることも考えてみると、当然と言えば当然かもしれません。

B：例外的な問題

例外的な問題とは、本質的に特異な問題ですね。これらは一般的に普遍化された問題と異なり、対応が難しいことは事実です。それは問題が一般的ではないので、共通の解決策が存在せず、個別の問題に対し、その都度個別に対策を考え、解決案を出さなければならないからです。つまり、偶然など例外の問題に何らかのルールや法則性を見つけることはできないからです。

例外的な問題⇓本質的に特異
←
◎一般的な解決策はない

しかし、真に例外的な問題はごくごく限られた場合でしか見られないことも事実です。冒頭のリーダーによる「本質論の対応と例外的な対応とは異なるから臨機応変さが必要」というところで見てきたように、私たちが直面する問題の多くは、一見例外的に見えるものでも、実際は一般的な問題であったり、今まで例外的な問題であったものがある時点で一般的な問題になったりする種類の問題なんですね。

3 単純思考のオンパレード

●誤った問題の見極め

実際、意思決定を行う過程で陥る2つの代表的なポイントを整理してみましょう。場当たり的リーダーの多くが、次のような見極めができずに、単純思考を貫きます。

①一般的な問題を例外的な問題の連続であるように見なしてしまう。

まさに冒頭の例と同様ですが、これは2つの理由に分けられます。

まず一方では分析の視点が狭く、物事の本質である本当の問題まで掘り下げて考え抜くことができていない場合です。これは、戦略よりも枝葉や小手先の戦術ばかり気になってしまい、ノウハウやマニュアル的な動きしかできないケースです。もう一方は、本質の問題にあえて目をつぶり、失敗を例外的な問題の連続とすり替えてしまうことです。これらは、問題の本質を考える必要性を否定することを意味するため、そう結論づけることは最も安易な方法であり、意思決定者の思考回路をストップしてしまうものと言えます。

「自分が一番できる」と思っている人ほどこの傾向があり、すべての問題をこの方法で結論づけてしまいます。

②新たに法則性を持つようになった問題を、従来から存在する一般的な問題と捉えてしまう

これは、戦後高度成長を遂げた日本経済の中での雇用形態が挙げられます。1980年代まで年率ニケタ成長を続け、世界の脅威となった日本経済で定着された日本的マネジメントの三種の神器は、①終身雇用（長期雇用）、②年功序列、③新卒者の一括大量採用と言われています。これらがうまく機能した背景は、高度経済成長の中で年功者が少なく若手が多いピラミッド型の人口統計分布と当時の労働力不足という前提の下、労働力不足をカバーするために新卒など人材の一括大量採用を行い、その貴重な労働力の組織に長くとどまるインセンティブを与えるために、雇用保障と言える終身雇用と、毎年確実に昇給・昇格をしていく年功序列制度、そして、これらとセットになっているのが、定年退職時に職

業人生の中で最も大きなシェアを占め大きな影響力を持つ退職金でした。

ところが、１９９０年代に入りバブルが崩壊し、様々な経営環境の変化とともにうまく機能していた「前提」そのものが変わってきたのです。人口統計分布がビア樽型から逆ピラミッドへと変化していき、ポスト不足と年功者の給与負担が重く圧し掛かり、人材の供給過剰が目に見えて大きくなってきました。

本来であれば、このように今まで成功ルールの条件として考えられてきた「一般的な法則」である雇用の保証と年功的な資格・報酬制度、そしてスタッフの一括大量採用というシステムが、外部環境の変化によりそのシステムが成り立つ前提そのものが変わったことをまず認識し、その上で、まったく新たな問題解決をしていかなければなりません。それにもかかわらず、従来の古いルールを当てはめようとすることは、大手都市銀行や旧四大証券会社の破綻をはじめとする数多くの失敗例を見れば、いかに危険な認識の誤りであるかが明らかです。

これらのルールが変わる１９９０年代前後で、いかに「何か今までとまったく種類の異なる非常に大きな変化が起きようとしている」といった本質的な問題認識と、「だから、それに対する特別な対策が必要である」という事実を見極めて意思決定を行おうとすることこそが、最初にすべき重要な意思決定と言えるのです。

リーダーは知らず知らずのうちに日々の複雑なタスクと仕事に忙殺され、意思決定ではなく、単に「反射的」な場当たり経営によって、部下や組織全体の士気を奪っている可能性があります。

このように、常に意思決定をすべきリーダーは、本当に今取り組もうとしている問題が例外的な問題なのか、または新たな種類の問題のはじまりであるかを検討した上で、冷静に判断をする必要があるんですね。

それをせず、すべて一般的な対応をすべき状況を例外的対応が必要な状況と捉え、また、単なる「場当たりの気まぐれ判断」を「臨機応変」と勘違いしてしまうことだけは避けたいものです。それで済むのであれば、すべての意思決定が「臨機応変」で片づけられ、一般的には正論を吐くが、結果はいつも独りよがりの個別判断に終始してしまう、単に「気づきの足りないリーダー」に成り下がってしまいます。

第3章
想像力ゼロ・リーダー
気づき②定義の違いを理解不能に陥っていないか？

- わかる人とできる人
- 原理原則しか理解できない人と、それが成り立つ背景を理解できる人
- 原則を学ぶ人とそれを導くプロセスを学ぶ人

「私の定義」VS「他人の定義」

その問題は重要じゃない……（だろう）
こんな問題が見つかりましたが…

気づきの差は自分の単なる思い込み

1 論理思考は仕事に直結する？

●仕事で使う思考力とは？

巷でブームのロジカルシンキング。クリティカルシンキング、論理的思考、概念的思考、戦略的思考など、さまざまな呼び方で多少変形されているものを含めて、正しい思考回路を持つことは確かに重要ですよね。

先日、企業の教育担当者とお話をするなかで気づいたことがあります。

それは、「実際に仕事の中で、具体的にどのようにこのロジカルシンキングを活用し、結果につなげていけばよいか」、また、「逆に仕事上で結果を出す上で、どの部分がどれほど必要なのか」について、具体的にイメージを湧かせている方が少ないということです。

これも本来の教育の目的から考えると、このロジカルシンキングを学ぶことで「どのように直接的に売上増または経費削減につなげていけるか」という組織の最終目的から、そのために必要な教育体系と現場の仕事の流れを結びつけて設計していくことが必要です。

にもかかわらず、実際には「教育」となった時点で思考停止し、ロジカルシンキングは仕事をしていくための基礎スキルなどとオブラートに包まれてしまい、単なるお勉強としてうやむやになっているケースが多いようです。

●現場における事例

某企業人事担当者「仕事上で結果を出すためには思考のルール（ロジカルシンキング）を組織で共有することは大前提だと思います。ただし、このロジカルシンキングを社員が勉強し、理解しても、全員が確実に従来よりも大きな結果をあげているわけではないから、どこまで力を入れるべきか悩みどころで難しい……」

これは、ロジカルシンキングと結果の間には因果関係がない、ということを意味しているのでしょうか?

いえいえ、結論から言うと、ロジカルシンキングが不必要なのではなく、その企業の環境に合わせて、どの程度、どのような設定で、どのようにロジカルシンキングをマスターさせるべきか、という「超」具体的な目的が担当者レベルでもバラバラである場合が多いようなのです。

つまり、ここで「ロジカルシンキング」、「仕事」、「マスターさせる」というそれぞれの内容の定義を受講者はもちろん、教育担当者であっても咀嚼されないまま、各々自分の主観の中の定義で、ただ研修を走らせていたようです。

つまり、受講者独自のあいまいな定義によって、理解(をしたと思い込んでいる)のレベルも、具体的な目的も個人差が出て、結果にも差が出たのでしょうね。

でも、この個人差の問題って、ロジカルシンキングの問題だけでなく、すべてに共通する非常に重要なことだと思いませんか？　程度問題、つまりあることを考える前提（定義）の問題ですよね。

●「前提（定義）」によるくい違い事例

「おなかが満腹になるまでラーメンを食べてしまった」と聞いて、すべての人が大盛りを食べたと思い浮かべるわけではないですよね。

大盛１杯だと思う人もいれば、２杯、５杯と思う人もいる。

さらに中華街の小さなお碗に入ったラーメンなどお店ごとにボリュームが違うとなると、すでに基準となる１杯の普通盛りの量が、普通の店の大盛以上あったり……

そもそも「普通」ってどのくらい……と延々と……

つまり、仕事をしたり、教育をしたり、相手とコミュニケーションをとったり、何らかの取り組みをしようと思うときには、常にものごとの前提（定義）が共有され、モニタリングされる必要があるのですよね。

当然、日常生活で妥協することなく、この定義を明確にしてコミュニケーションをとろうとすると間違いなく嫌われます。

「あー、このラーメンおいしかった」という友達に対して、「あなたにとってのおいしい定義は何？　麺の固さは？　あっさり系？　こってり系？　どのくらいこってり？　胸焼けがするくらい？　胸焼けの程度は？」などなど……

●「前提（定義）」の優先度を考える

一方で、この物事の前提（定義）を決めるということは、仕事をする中では、形だけのフレームワークや表面上の理論を使うことの何倍も重要なことですよね。

みなさん、この「定義」（または議論する前提）の重要性はわかっていながら、これに対する重要度、優先度が低いと思いませんか？

ご飯を食べて満腹になるボリュームやレストランで出てくるパスタに対する期待の大きさが、友人が持つ満腹感の量や期待のレベルと異なるものであったり、一口に「頑張れ」と言われても、その頑張り具合（どこまで頑張れば頑張ったと言えるか）が人によって異なるのは当然ですよね。

同様に、ロジカルシンキングを「理解・実践する」と言っても、「どのレベルまで理解していて、どの程度環境に応じて掘り下げて具体的に実践することが必要なのか」といった理解や、実践レベルの定義によって異なるんですよね。

では次に、「結果を出すために仕事で必要な能力」について、ゼロベースで考えながら、ものごとの定義（前提）について考えてみましょう。

2 できる（はずの）ビジネスマンができない理由

●結果が出ない理由

仕事の中で難しいのは、やはりプロセスよりも実際に結果を出すことですよね。
以下のようなケースをよく見かけないでしょうか？

【チェックリスト】

□経験は十分。25年ある。昔は結果を出していた。しかし、今はなぜか結果を出せていない。
□MBAのコンセプトは理解した。しかし、アウトプットの中身が薄く、説得力がない。

□ロジカルシンキングをマスターした（つもりだ）。ところが、いつも提案がずれている。
□コーチングを学び、コミュニケーションの重要さを認識した。しかし、なぜか重要な場面で同僚、部下、上司などとの社内意思疎通や顧客や取引先など社外コミュニケーションがかみ合わない。

「あっ、これM課長じゃないか！」、「これはT社長のことだ……」、「取引先のYさんだ」などと思い浮かばれる方がたくさんいらっしゃることでしょう。

これらの症状をお感じの方がまわりにいらっしゃれば、原因の多くがお互いに活用している言葉の定義（どの程度～）の問題にあるかもしれないということを、疑ってみる必要があるかもしれません。

ここで、一度ゼロベースで「仕事で成果を出すためにはどのような能力が必要か」を冷静に考えてみましょう。

よく成果を上げるために必要とされ、挙げられる3つの領域です。

〈前提〉仕事で成果を出すためにはどのような能力が必要か？⇓「業務遂行能力」

①思考……ロジカルシンキング
②マネジメント知識……経営の原理原則：ＭＢＡ
③業界・専門情報……職務経験

これらを役割ごとにカテゴライズさせると、次のようにも並べられます。

①意思決定するための頭脳思考（ロジカルシンキング）
②戦略部分　基本マネジメント知識（経営の原理原則・ＭＢＡ）
③戦術部分　業界・専門情報（経験）

いかがでしょうか。実はこの3つではＭＥＣＥ（モレなく、ダブリなく）になっていませんよね。なぜなら、上記の3つは単に正しい答えを出すために必要なもの、つまり「業務遂行能力」についてしか、指していないからです。

成果を出すために足りないもの。それはヒューマンスキル（対人力）です。

●ヒューマンスキルの役割

つまり、正解をつくるだけであれば、上記3つで十分かもしれませんが、正解をつくるだけでなく、その正解を相手（社内の上司／顧客）と一緒に実行させていく必要があるからですね。

よく言われる「現実の仕事の中では自分ひとりで完結するものは非常に少ない」という、あれです。反対に、何らかの形で部下や同僚、上司や顧客といった自分以外とのコミュニケーションを通して、最終的な結果が出てくるというのが現実的でしょう。

単に「正しい答えを出す」ことではなく、それを相手（自社内・外）に納得させながら、最終目的となるアウトプットまで進めていかなければならないことで、この点は多くの方が認識済みだと思います。

改めて、「仕事で成果を出すためにはどのような能力が必要か」について並べてみましょう。

〈前提〉●正しい答えを出し、相手に納得させるために必要なもの⇓「業務遂行能力」＋「人間関係能力」

①意思決定するための頭脳・思考力（ロジカルシンキング）
②戦略部分　基本知識（経営の原理原則・ＭＢＡ）
③戦術部分　業界・専門情報（経験）
④実行部分　ヒューマンスキル※（対人力）

はい。では、上記の４領域をマスターしている人は確実に成功するのでしょうか。おそらくＹＥＳでしょう（当然グルーピングの仕方は前記のケースだけではないため、これ以外は不正解ということではありません。たとえば、ハーバード大学のカッツ教授に言わせると、仕事のできる人に必要なスキルは、①テクニカルスキル、②ヒューマンスキル、③コンセプチュアルスキルの３つに分かれ、職務内容が高度になればなるほど、①より②、②より③の重要性が増します。これについても定義により、正解は１つではありません）。

しかし、なぜ上記すべてをマスターしていると思われる多くの人が結果を出せないのでしょうか。

●結果が出ない理由とマスターの定義

答えは「適切に」マスターしていないかもしれないからです。え？ 「適切に」という定義自体が曖昧でわからない？ はい、そのとおりです。つまり、言ってみれば「マスターする」ということの「定義」が人によって異なることこそが問題なのです。

たとえば、仕事でアウトプットを出すために、人から学ぶ過程を考えてみましょう。「(今の状況下における) ハイパフォーマーの行動様式をノウハウとして暗記し、チェックリスト通り行動する」というのと、「なぜそのハイパフォーマーはそれらの行動様式を持ったかという理由を理解し、状況によって行動を変えられるようにする」のとでは、継続的な成果の出方に天と地ほどの違いが出てきます。

単に、「よい結果を出せればいいじゃないか！」と言われる方が特に中小企業のオーナー社長などに多いかもしれませんが、「今のこの状況しか結果を出せない」のと「状況に合わせて結果を出せる」のとでは雲泥の違いがあります。

なぜなら、あるときの処方箋は、ある特定の環境下における処方箋だからです（環境は常に変わり続けている。競合も自社以上に成長し続けていますし！）。つまり、マスターするという定義の設定により、「戦略の前提に基づいた戦術の実践」と「戦略に基づかない戦術の実践（いわゆるノウハウ）」とでは差が出てきて、多くの場合は安易なノウハウ症候群に陥ります。

昔、「狭義の〜〜」、「広義の〜〜」などといった記述が授業であったのも、このように、定義によって話の趣旨が変わってくる可能性があるからです。

●定義の重要性を認識する事例

バブル時代に利益をあげるため、「金を借りて、土地を買え」と言っていた人が、今でも同じことを言っているのは相当希少なはずです。

成果をあげるために仕事をしなさいという課題を定義に落とし込んだとき、近視眼的で単純な定義で考える人は、パブロフの犬と同様、「金を借りて、土地を買え」と言っているでしょうし、環境の変化に気づいたときには、大きな痛手を負っている人の割合も多いのではないでしょうか。

一方、成果をあげるために仕事をしなさいという課題の定義として、「リスクを避け、本業における収益を中心に考える」というものが統一されていれば、行動もまったく違っていたはずです。

定義を明確にする重要な例は他にもあります。

弁護士が扱う契約書なども、まず契約書内で使われる言葉の定義から内容が始まりますし（これ、特にミーティングの際などで参考になります）、私たちの仕事の中での身近な例としては、人事評価の基準なども、定義がすべてと言えるほど重要なものです。

たとえば、評価の基準が単に仕事ができたかどうかという一文ではなく、職務や職能ごとに決められた複数の評価項目からなり、さらにそれぞれの項目の査定も具体的な記述で決まっています。

これも、それぞれの人が持つ判断のモノサシというものが、いかに独りよがりでバラバラであるかということを意味しており、その主観をできる限り排除すること（ゼロにすることはできませんが、ゼロに近づけるということ）を目標としているのですね。

ここまでで気づかれた方も多いと思いますが、この定義の問題、つまり「適切に」を考え、設定することは難しいことではありますが、この分野はまさにロジカルシンキングの扱う領域でもあるのです。

そして、先ほどロジカルシンキングを「意思決定するための頭脳」の役割と定義しましたが、この頭脳自体が一貫性を持って適切な基準で動かなければ、いくら演繹法や帰納法を使って物事を説明しようとしても意味がないのはわかりますよね。

その中で使う言葉の定義（どの範囲まで含めるのか）をしっかりと固めなければ、議論そのものが成り立たないわけですから。

『朝まで生テレビ』で、自民党と民主党の議員が激しく口論している内容をよーく聞いてみると、表現の仕方はまったく異なっていても、結局両者とも同じことを言っていることに気づくときがありませんか？

無論、彼らは同意しないでしょうが、主張している言葉の定義や背景が違っているために、表面的な言葉上は反対の意見に聞こえますが、結局のところ抽象化させていくと主張は同じになり、どちらかの議員の威勢が尻すぼみになっていくことをよく見かけます。

同様に「曖昧な基準」を前提に進んでいる話やレポート、提案などは意味をなしません。一度「自分はどの程度の範囲で、どのようにその言葉を使っているのか（使うべきか）」に気をつけながら話をするために、次のようなことを試してみると面白いでしょう。

◆あなたから部下（同僚）へ

「ちょっと急で悪いんだが、ボーダフォンの最近の事業概況についてわかりやすくまとめて、至急メールしてくれないか？　私は外出してこれから連絡はつかないが、取

「……り急ぎメールで送ってくれ」

これをメールで指示して、その結果を待ちましょう。ここにある文章の中で明確な定義がされているのは、固有名詞であるボーダフォンくらいではないでしょうか。

＊急で悪いが　⇓至急？いつまで？（あなた・相手）
＊最近の　⇓何ヶ月前まで？（あなた・相手）
＊事業概況　⇓国内？海外？音声？　データ通信？（あなた・相手）
＊わかりやすく、まとめて　⇓箇条書き？コラム？抜粋？（あなた・相手）
そして、最も重要なポイント⇓目的：何のための資料としてまとめるべきなのか？（！）

おそらく、この1つの質問だけで出てくる曖昧さと同様の問題が、日々の仕事の会議、アポイントメント、発表などあらゆるところで出没していることに気づきます。

驚くほど自分の考えている定義（程度）と相手の定義が違うのですね。

単に「定義」と言うと難しく聞こえますが、「相手の誤解を生まないよう伝えるために具体的な定義を明確にしていく」と理解すれば、意外に意識して気をつけることができるんですよね。

できる人はこの「定義」を超具体的に仮説思考で考え、誰よりも細かい定義に基づく見解と主張を作ることができていることが多いようです。また、部下や同僚に指示を出すときは、二度手間にならないよう、万が一にも誤解やブレがないように、超具体的かつ、ピンポイントにわかる指示を出します。

次に、この定義についてより現実的かつ具体的な事例を考え、トップMBA同窓生の中でも、なぜできる人とできない人に分かれるのか、その分かれ目について考えてみましょう。

3 ハーバードの落ちこぼれ？

これまで、定義の重要性、前提の重要性について考えてきましたが、人による理解の差を考えるためになぜトップＭＢＡでも差が出るのかというケースについて、考えてみましょう。

●学ぶ力と設定する目標値のレベルの違い

マイケル・ポーターという人の名前やファイブフォース（5つの力）、バリューチェーン（価値連鎖）という用語およびその概要は多くの方がご存知かと思います。ＭＢＡでも定番として扱われるので、ほとんどのＭＢＡ同窓生が有名なファイブフォース単体のフレームワークの理解や、バリューチェーンの表面的な説明はできるでしょう。

しかし、体系的な各理論の組み合わせを厳密に理解しながら、現場におけるプロセスとして落とし込んで考えられる人が、一体どれほどいるでしょうか？ 多くの人は表面的なフレームワーク単体で独立して「使っている」と言われる程度で終わっているか、もしくは「そもそもこれは理論なので、現場で落としこめなんかできない（落とし込む必要がない）」と言われることでしょう。

一体なぜでしょうか。

ここで、またまた「定義」の重要性の話です。

まず、このポーターの戦略を学ぶ、または理解をするという「定義」が人によって随分と異なっているのですよね。つまり、その定義によって1を知って、1しか吸収できないのか、1を知って10吸収できるのか、分かれ目となります。

1しか吸収できない人は、その前提で本質的な議論をしたり、討論をしようとしても、理解の程度自体が不十分で、本質的な把握ができていないため、堂々巡りで結論が出ないと思うことはありませんか？　定義自体が理解している人としていない人では、まったく異なるんですよね。

先ほどの例で考えると、たとえば「ポーターは古い」などとのたまう批評家や学者もたくさんいます。しかし、同じように本を読んでも直接書かれていることしか理解できない人と、それが成り立つ背景を自分で定義し、その内容から様々な場面で応用できるように示唆されたことを理解できる人に分かれるように、想像力と概念力の有無によって、学ぶサイクルの早さも量も180度変わってしまいますよね（実際に書かれているものも理解できない人がいるくらいですしね……苦笑）。

定義のレベルが違うのですから、これはもうどうしようもないですよね。

当然、完全に理解をしていない人がポーターは古いと議論しても、話している前提が違うので、議論そのものが成り立たないのです。前提を理解していない人に議論では勝てません（「知らない」ということは恐ろしく強いことでもあります）。

●MBAの学習過程と効果事例

この前提の違いは、「MBAの学習過程と効果」についても同様です。

MBAホルダーの方、留学中に出会ったクラスメートにもいろいろな種類の人がいたと思います。MBA同窓生の中でも、当然2年間にわたるMBAコースを終了するまでの間、超具体的にどのようなことを吸収し、学び取りたいかという定義（MBA留学の目的と個別目標）の有無によって、その結果は人によって大きく変わることになります。

たとえば、MBA卒業生の中で、ポーターの競争戦略を「本質的」に理解している人はいったいどれだけ存在しているのでしょうか？

「おいおい、『本質的』って、また抽象的な……」と思われたら、さすが、するどいですね（笑）。ここにおける「本質的」の意味はこういうことです。柱の通った1つの競争戦略をポーターに沿って考えようとすると、最低限押さえておかなければならない背景や前提がいくつかあります。それらをバラバラに用いたり、勝手に穴あきに取捨選択して使うのではなく、「体系的に」理解して使えているかどうかということを指しています。

また、同窓生の中で「人によって違う」といっても、何もMBAの上位校と下位校の同窓生の話ではないのです。トップMBAのクラス内でさえ、とてつもない大きな開きが見られるんです。米ハーバードや仏INSEADなどのMBAのトップ校であっても、クラスの上位10％と下位10％とでは、MBA取得後の年収が1桁違うと言われています。

ここで注意したいのは、なぜ上位10％が特別に優秀なのかということではなく、なぜ下位10％が1桁低い市場評価を受けているかということです。

知識やスキルがあっても結果を出せない理由には様々なケースがあります。たとえば、授業で1つのケーススタディをしても、そのケースから「自分」が学ぶ内容の定義づけによって、その範囲とボリュームに人によって差が出るということです。

この違いを「金持ちMBA、貧乏MBA」的な視点でミニケースを見てみましょう。テーマはケーススタディで何をどこまで学べるかについてです。

【ケース事例】デルコンピュータの戦略

常勝軍団のデルコンピュータがなぜ成功したかをその中で推測して分析し、あるMBA甲さんが次のようなことを学びとったとします。

貧乏MBA甲さん

「コストリーダーシップ戦略を確立できたことが成功の秘訣であろう」

「つまり、『直販とBTO方式（Built To Order：注文を受けてから製造する）』を組み合わせた『デルモデル』のコスト優位性により、小売店経由でパソコンを販売するベンダが1～2カ月分の在庫を持つと言われているのと比べ、平均在庫日数が4日分と大幅な短縮が可能で、この短縮による在庫削減と直販による販売コストの低下を通した利益率の高さを維持できたことが成功の秘訣である」

いかがでしょうか。非常にまともですよね。この分析自体は正しいと思われます。ただし、これって新聞や雑誌の記事の切り抜きレベルですよね。むしろ、このケースの大前提に過ぎないかもしれません。事実のまとめ（生データ）から考え、読み込んだ付加価値がないですよね。

一番の問題はわざわざ時間とコストをかけてこのケースを学習した結果、新聞や雑誌の切り抜き程度になってしまっていることです。

当然貧乏ＭＢＡ甲さんの反論もあるでしょう。「実際にはクラスの中でいろいろな意見を言う人がいて、彼らと討論をすることで多くを学んだ」と。

しかし、このような主張を正当化するためだけに討論をしたのでは、オフィスで新聞の切り抜きをもって同僚と討論するのと何ら変わりありません。ここで差が出るのは、学ぶ定義、つまり「このケースを元に学ぶ目的と内容（範囲と種類、ボリューム）」そのものが異なる場合です。

では、もう一方の金持ちＭＢＡ乙さんの視点を見てみましょう。金持ちＭＢＡ乙さんにとっては、上記のＭＢＡ甲さんの分析と結論は結論ではなく、デルモデルの有効性については、ケースで学ぶ前提条件の１つに過ぎません。

金持ちMBA乙さん

成功した前提条件を挙げた上で、以下のように考えを広げます。
・もし同じような仕組みが同時期にできている会社があった場合は？
・模倣することが可能であれば、どのように障壁をつくるか？
・アジアの経済環境が悪化した場合の選択肢は？
・どのような大前提が変われば、デルモデルの優位性が消えるか？（拡張されるか？）

この一例のように、前提となっている条件の変数を変え、異なるシナリオを考えながら、いかに失敗しないかのシミュレーションと、どうすればより改善できるかの展望を頭の中で体験します。

これらのシミュレーションから言えることこそが、付加価値のある分析のメッセージなんですよね。これらをファシリテーターに引き出されて考える人と、引き出されても考えられない人、そして自らケーススタディの意義を考え抜ける人と比べると、どうしてもラーニングカーブの勾配はそれぞれ変わってくるでしょう。

実際、貧乏MBA甲さんのような人がたくさん増えて、その限度を超えると、使い古された頭の堅いMBAイメージができあがるんですよね。「MBAは使えない」などと、どこへ行っても聞きます。

この貧乏MBA甲さんと金持ちMBA乙さんの差は、いったい何なのでしょうか？

よく「気づきの差」や「応用力の差」、さらには「地あたまのよさ」といった抽象的な枠組みでまとめられ、その結果、仕事ができる人、できない人（頭を働かせられない、いわゆる「気づき」が足りない人）とグルーピングされることが多いようです。

●リサーチ現場の事例

このような例は、身近な仕事の中でもよく見られます。たとえば、企業に勤める多くの社員にとって、提案書のタタキ台のための調査データや、事業計画案の裏づけのための統計データをとるために、専門の総研やリサーチ会社へカスタム調査を依頼することはできません。

一方、自分たちが欲しいデータがピッタリとそのままの状態でWEBや白書などで見つけることも稀でしょう。このような前提で提案書や事業計画書を作らせると、その人の地あたまのよさ（気づきの大きさ、応用力の大きさ）がわかります。たとえば、携帯電話を活用したゲームの国内の市場規模データが必要であったとします。

貧乏MBA甲さん
「国内の該当データがないから、台湾や韓国、米国など別の国の該当する市場データを使おう」

また、貧乏MBA甲さんは、国内のゲーム市場全体のデータや移動体通信関連事業全体など、十分にセグメント化されていない大まかなデータで代用したり、人口統計のデータで代用したりするでしょう。

もちろん、海外の市場動向や移動体通信全体の市場規模、そして購買力の大前提となる人口統計の流れを見ること自体は外部環境の分析として重要です。ただ、国内の携帯ゲーム市場のデータがないからといって、それらで代用したり、勝手に∞（未知数／無限）にしたりするのは、本来**「何のために必要なデータを探しているのか」**という定義が曖昧であったり、ぶれていたりすることが原因であるケースが多いと言えます。

雲を掴むような話で、携帯事業全体の市場規模を参照するより、業界の大手を10社ほどピックアップして、その事業者の中で携帯ゲーム事業の占める割合から、関連売上高を求め、10社合計を出した見積もりのほうが、よっぽど信頼性が高いかもしれないのです。

これらに共通するのがロジカルシンキングの中の把握レベルで、ここでのロジックツリーの横（因果関係、つまりロジック）と縦（MECE、つまりモレ、ダブリ、ズレがないか）がいかに本質的かつ具体的なところまで落ちているかによって、その人の定義に対する意識レベルが変わります。

何も複雑な経営理論や経験だけが必要なわけではないのですね。

さらに前述の話に戻りますが、頭脳の役割をしている思考（ロジカルシンキング）部分がこのように不十分であると、その思考回路に基づいて活用していく戦略部分（原理原則、ＭＢＡ）、戦術部分（経験、専門知識）、そしてヒューマンスキル（感情の管理）それぞれのツールの使い方も不十分であったり、論点がずれていたりしている可能性が高いのです。

つまり、思考が他のスキルの大前提になっている以上、この部分が十分に活かされないと、知識も応用できないし、たとえヒューマンスキルがあっても、単なる御用聞きやイエスマンなど「いいひと」、「便利な人」など「ああ、ちょっとスローな人だなあ」的な受け止められ方で終わってしまうんですよね。

つまり、結論の復習としては、常に自分や他人、そして扱うものすべての定義に注意を払い、常に今自分たちが直面している状況、問題、または話している内容の前提は、**「どの範囲、どの種類で、どの程度まで含めているのか（含めるべきか）」**といった肝の部分を明確にし、妥協することなく、透明性のある定義に沿った判断と行動を進めていくことが重要なんですよね。その上で知識や経験といったものは、勉強やトレーニングなど、体験さえすれば吸収することはできるのですから。

ぜひ、物事の因果関係を追及したり、内容をＭＥＣＥに並べることだけで満足せず、少し想像力を働かせてその中身であいまいになっているブラックボックスの部分の「定義」にも目を向け、１つずつ、格好悪くても仕事の中で確認しながら、業務を改善していきたいものです。

第4章
お山の大将リーダー
気づき③器が小さく、謙虚さ不在になっていないか？

- パワハラするリーダー
- パフォーマンスと人間関係を両立できない人
- プロ意識と謙虚さを対極に考える人

「お山の大将」VS「本物のリーダー」

昔こんな苦労をした…だからみんな私の言うことを聞いていればいいんだ

権限を持って勘違いするお山の大将リーダー

1 キレるマネジャー？

前章では定義について、さまざまな角度から事例を用いて、その難しさを考えてみました。いわば「論理」をつくるということの難しさについてのお話でしたが、今度は、その論理をつくる難しさにある落とし穴として、特に180度対極にある人の意志や感情といった、よりアナログで人間的な面について考えてみたいと思います。

●謙虚さを失う第一歩：独りよがり思考

先日リクルート出身のある方に聞いたお話ですが、離職の理由は「半径10mにある」そうです。『踊る大捜査線』の青島刑事風に言えば、「事件はいつもポジティブな理由だけで起こっているんじゃあない！」、「（ネガティブな理由によって）半径10m以内の現場で起きているんだ！」といったところでしょうか。

何を言っているのかと言いますと、離職者にアンケートをとると、離職の理由の多くがチーム内の人間関係、それも直属の上司に対する不満によるものという結果が出ているそうです。

そういえば、以前実施したＭＢＡ同窓生アンケート調査でも、雇用先の選択時に重視する点を挙げていただくと、１位は断トツで上司の質でした。

第1位「上司の質（47%）」
第2位「人事評価制度（21%）」
第3位「同僚の質（14%）」
第4位「部下の質（4%）」
備考「その他（14%）」

「なんとも表面的な……」という感想をもたれましたか？　いえいえ、ひょっとすると、この「上司の質」という答えは意外と本質的で、現代日本企業の組織の根底に存在する病巣かもしれないのです。

近年「パワーハラスメント」という言葉が生まれ、話題となりました。いわゆる男性（女性）が女性（男性）に性的いやがらせをするセクハラの権力編です。つまり、権力者（マネジャー）が、部下（社員）に対して、その権力（地位）の強さで部下の言論や意思決定、その他を押さえつけるという構図が、いわゆる「パワーハラスメント」です。

以前グローバルタスクフォース主催の定例パワーブレックファーストミーティング「Tokyo Early Bird」でゲストスピーカーとしてご参加いただいた早稲田大学専門職大学院教授梅津祐良氏（ケロッグＭＢＡ）の元生徒さんであった岡田康子氏が、この「パワーハラスメント」という言葉をつくられたそうです。

その後、梅津教授も岡田氏と共著で『管理職のためのパワーハラスメント論』（有楽出版社刊）を出版され、多くのテレビ取材を受けられるなど大きな反響を呼びました（この言葉が最近、しかも日本で生まれたというのはちょっとした驚きです）。

●パワハラの原因

ところでこのハラスメントは、何が原因で起こるのでしょうか。大きな要因は、自分の感情・相手の感情をうまくマネージできない、または、ストレスなどで精神が不健康な状態である場合が考えられます。

確かに業界内、企業内の人材の流動化が進まず、いわゆる「社内失業者」が存在し、「一貫性のない成果主義」による「いびつな競争原理」が発生している現在、スタッフのストレスマネジメントは重要で、大手各社も人事部から独立したメンタルヘルス支援の部署をアウトソーシングで設置（ＥＡＰ：Employee Assistance Program）していると言われています。

さらに、組織の中でもより大きな責任と権限を持つ管理者自身がストレスに負け、適正な意思決定ができない状態に陥っているという点と、管理者の誤った意思決定が及ぼす組織への影響力の強さは一般社員レベルの影響力に比べるとはるかに大きいという2点を考えると、管理者のパワーハラスメントの解決はより高い優先順位が与えられる重要な問題解決と言えるでしょうね。

「通勤大学MBAシリーズ」でも、『メンタルマネジメント』というタイトルを執筆しましたが、この本では人の感情（※注）をいかに適切にマネージするかということを扱っています（※正確には「情動」で意味も異なりますが、ここではわかりやすさを重視し感情と統一します。情動と感情の違いはこの後のコラムを参照してください）。

本の内容は大きく、自己の感情マネジメントと、対人の感情マネジメントに分けられ、さらに、自己感情マネジメントは①自己認識力と②自己管理力に、対人感情マネジメントは①社会認識力と②人間関係管理力に分かれます。

つまり、以下のとおりです。

①自己認識力　自己の感情を理解する
②自己管理力　自己の感情をコントロールする
③社会認識力　相手の感情を理解する

④人間関係管理力　相手の感情に影響を与える

上記の4つは、①→②→③→④と順番にマスターすべきであり、逆はありません。つまり、すべての基礎となっているのが自己感情マネジメントであり、これが崩れれば他のすべてが崩れることを意味しています。

「なあんだ、自分の感情なんて、わかっているよ！！」と思われた方、いいチャンスです。自分の日々の些細な行動から、見直してみましょう。実は、どんな優れたリーダーや歴史的な名経営者と言える人でも難しくてマスターできないのが、①の「自己の感情を理解する」ことと言われています。優れたリーダーが謙虚さを失うのも、自己の感情を正しく認識できなくなるのが発端と言えます。

人は経験や成功を積み重ね、環境が自分にとって居心地がよくなり、権限が大きくなり、地位や給料が増えると、自分の意思決定の正しさや人格的な地位も向上したように錯覚してしまうと言います。

これは、頭でわかっていたつもりでも、実際の行動ではそのとおり実行できないという、いわば環境の慣れであり、自分自身でよほど気をつけて染まらないようにしない限り、自分でも気づかないうちに、傲慢な態度や振る舞い、言動が出てくるものです。

●正しい意思決定と倫理観

「常に正しく、公平な意思決定をできているか」と問われると、ちょっとでも考えてしまう人が多いのは確かでしょう。

ドラッカーも言っているように、マネジメントは部分最適でなく、全体最適の追求に尽きます。自分の保身や体面などを本当に1％でも考えていないか、モラルを追い続け、誰も見ていないときにでも、いかに正しい行いができるか。ゆるぎない倫理性を持てるか。

「自分の本能を信頼し、事実を評価し、あらゆる角度から情報を収集し、長所、短所の重みづけを行う。頭だけでなく、あなたの本心に問うてみてください。その答えこそが、正しい意思決定でしょう」

これは、シカゴ連邦準備銀行の総裁であるマイケル・モスコウ氏がケロッグスクールのエグゼクティブMBAプログラムの卒業式で送ったメッセージです。

折りしも近年、エンロン事件や大手監査法人のアーサーアンダーセン、通信大手のワールドコムなど不祥事と破綻が続き、MBA同窓生を多く採用し、業界トップと言われてきた企業が次々と凋落していきました。

モスコウ氏のメッセージは、「ビジネス能力とモラルのバランス」といった最も基本的かつ重要な原点に返り、ビジネスリーダーへ届けたものですが、これらの問題は組織内のチェック機能が働いていなかったことよりも、むしろ個人が正しい判断を下せなかったことが原因の根っこであったと言えます。

つまり、とりもなおさず管理者のパワーハラスメントが、1人または少数の独裁的で不公平な意思決定プロセスによって、会社全体の方向性を誤った方向へ導いていたということになるのです。これらは、現在のやり方や環境に溺れ、謙虚さを忘れかけた瞬間に顕在化する問題ですね。

これでも、みなさんは自信がありますか？　本当でしょうか？　一度真剣に、自分自身に対して、対人感情マネジメントのチェックをしてみましょう。

【チェックリスト】

□部下や同僚が自分の意見を否定しても冷静でいられますか？（事例？）
□自分の強みや弱みや限界を適正に（過大評価も過小評価もせず）理解していますか？（具体的に？）
□自分の短所やミス、過失を素直に認め、日々喜んで改善・成長できていますか？（どのようなものを、どのレベルで改善、成長できているか？）
□自己の状況（都合）よりも、組織全体の利益で思考・判断できていますか？（どのような場面で、どのような思考、行動できたか？　いつ？　頻度？）
□変化やチャレンジに、積極的かつ柔軟に対応していますか？（最近無視・拒絶した変化は？）
□相手の話に耳を向け、異なる価値観を受け入れる前提で会話ができますか？（どのように異なる価値観の相手と、どのように話をし、まとめたか？）
□常に相手に共感し、適切なフィードバックを与えて、才能を育てていますか？（どのように共感し、相手は何を得たか？　どの程度、何が伸びたか？）

結果はいかがでしたか？

重要なことは、抽象的になんとなく頭では理解できているというレベルではなく、日々のこれまでの小さな行動レベルで、該当しないものがなかったかどうかということです。上司や同僚、部下など、直接相手に何気なく質問してみるのが一番わかりやすいチェック方法です。

1つでもNOやグレーゾーンの答えがあった方、がっかりしないでください。できていないものがあって当たり前です。これらはすべて、「頭ではわかっていても、実行できない」といった類のものですから。ポーターやコトラーの理論を理解するよりも、この「当たり前」と思えることを実際に継続して実行するほうが100倍難しいと言えるのです。

そして、これらの問題も考えようによっては「含み益」です。これらの問題に気づき、1つでも解決すれば、100%仕事のプロセスと結果を改善できるのですから。

【コラム】

「感情」と「情動」の中心で喜怒哀楽をさけぶ

人間の喜怒哀楽などの一連の心理現象を表す言葉は、日本語には多く見受けられますが、私たちが一般的に使う「感情」は、心理学では、細分化して捉えられているようです。

感情（feeling）という言葉は、喜怒哀楽などを認識した上での心理現象を指しますが、情動（emotion）は感情の下位概念で、必ずしも喜怒哀楽などの認知的判断が伴われないと言われます。

つまり、外部からの影響を受けて反応し、いろいろな神経症状、精神症状を出す反応の仕方が「情動」と呼ばれますが、その情動の反応を自分の意識で認識したときには、それは「感情」と呼ばれるということです。

学術的には「情緒」という言葉がより多く使われているかもしれませんが、ここで心理学的に言う感情と情動の違いを思考力と合わせて考えてみましょう。

感情が確立するには、思考力が必要と言われます。情動経験をし、記憶をした上で、その後同じ情動経験をしたときに、それをある感情だとリンクづけして判断できるようにならなければなりません。

人間の場合、3才から5才ぐらいまでの子どもと母親との関係が、その後の子どもの性格を決定しやすいと言われているのはそのためで、脳の成長と関係しているそうです。経験豊かな名経営者や偉大な政治家の方でも、「自分の感情を正しく認識することこそ難しい」と言われる所以です。

一方で、もし3才から5才で感情が確立してしまうとすると、その後の成長はないのでしょうか?

それは違うようです。人の場合、大きなトラウマなどがなければ、その後の学習や生活環境でその人の心が変化すると言われます。つまり、後天的な要素も大きいわけですから、ぜひとも意識して、自分が認知できていない情動の存在を正しく認識することに努め、自分の情動を正しく理解し、それをコントロールすることで、相手の情動も冷静に受け止め、相手との関係性を円滑に維持させていきたいものです。

2 職務成績 or 人間関係？

●職務成績の考え方

前項から、ビジネスリーダーへ階段を登る中での大きな落とし穴と言える「謙虚さについての忘却」について、考えています。どんな名経営者も自分が気づかないうちに謙虚さを失いがちであるという事実があるのです。

「それは認識しているよ。実際、気をつけているし」と言われるかもしれません。

しかし、謙虚な言動がとれているかどうかは、独りよがりの確認ではなく、周りが認める実行レベルでなければならないんですよね。

面白い記事が『ハーバードビジネスレビュー』（2004年6月号、ダイヤモンド社）に載っていました。それは、スタンフォードの教授によって書かれた記事で、健全な組織をつくるために「恥知らずはいらない」というルールを多くの企業が採用しているというものです。恥知らずとは、謙虚さを失ったスタッフやリーダーということです。記事中では暴君、破壊的ナルシストなどといった意味と同義で使われています。

たとえば、「秘書や同僚に声を上げることは許されない」といった非常に細かな日々の行動レベルの話です（実際は、企業が急成長する中でそのルールが「脇に追いやられつつある」ことも多いと言います）。

大学でも教授会で有名な研究者の採用に関して討議していた中で、ある教授が「ノーベル賞を受賞したかどうかなどは問題ではありません。我々の人間関係を台なしにするような、恥知らずはいりません」と反論したそうです。

もちろん行動科学的にもこれらの謙虚さを失った「恥知らず」は心理的虐待を行うもの

として、以下のような定義をしています。

「言語的ならびに非言語的な敵意を、物理的に接触することなく持続的に示す者」

難しそうですが、何とかニュアンスは単語ベースでわかります。なんとなく行動や思考など当てはまる人がまわりにいるのではないでしょうか。いえいえ、危ない……ここでみなさんにまわりの人をチェックしてもらったら、本論からそれてしまうところでした。

ここで重要なのが、まわりの人に謙虚さの重要性を説くのはよいですが、その前に冷静に「自分がその状態に陥っていないか」ということを常に確認することなんですよね。

もちろん、〝誰が見ても暴君〟とか、〝まるごと恥知らず〟という人は少ないでしょう。いや、むしろ気づくべきところは、自分の行動や言動の中で、知らず知らずのうちに謙虚さを失った「ミニ暴君」の芽が生えていることなのです。

●知らず知らずに現れるミニ暴君

日頃上司に「お忙しいところ恐縮ですが、できましたらこのレポートをお手すきの際にでも確認していただけますか」など、舌をかみそうなくらい丁寧な言葉遣いをする謙虚さの鑑のような人が、レストランに行ったときに、店員に対してまるで家来に命令するように不機嫌そうに「コーヒー3つ！」とか、「これ早くできないの？」などと豹変することがあります。

日頃からぶっきらぼうで暴君な人がレストランでも暴君なのはまだわかります（別に暴君を貫け！と言っているわけではありません）。しかし、よく知りもしない人に対して、その見かけや肩書きだけで言動や態度を（無意識のうちに）決める人が多いのも事実です。

そういえば、有名な企業の社長などにあっても、その違いはよくわかります。相手の年齢や立場を知って、どのような言動や態度を示すかということは、その人の本物の人間の器の大きさを知るよいベンチマークになります。

たとえば、明らかに若い人間が来ると横柄なものの言い方や態度になったり、打ち合わせのスケジュールを確認しようとしても、「向こう2カ月はいっぱいだから無理」などと、相手によって対応を変える輩は、その人の人間の器の大きさを知る上で非常に「わかりやすい」反応をしてくれるため、便利ではあります。

そういった人間に限って、自分よりも大きな権力などに滅法弱く、すぐになびいてしまったり、2カ月先まで予定がビッシリなはずのスケジュールが次の瞬間、「空白状態」になったりします。

謙虚でいるということは、おそらく**「自分の価値判断の基準」**がしっかりできていることではないでしょうか。

つまり、先ほどの経営者の例で言えば、たとえ若い人が来ようが、女性が来ようが、人間性を尊重しながら相手を知ろうとし、その上で権限や年齢、性別ではなく、「中身」について公平に議論をしようとする姿勢を持っています。

当然、経験や能力は大抵の場合、年輪を重ねた経営者のほうが高い部分が多いため、各論については多くの場合、「アドバイス」的なスタンスになることもあります。ただ、それと横柄な言葉遣い、態度といったこととは何の関係もありません。

スケジュールについても同様です。時間なんて誰だってありませんよね。総理大臣でも大統領でも、社長でも、新入社員でも、学生でもみな時間なんてつくらなければないんです。優れた経営者は、たとえ2カ月先までの計画が埋まっていたとしても、それはあくまで暫定版に過ぎません。

限られた時間の中で、どれがより重要で、どれが本当に自分自身力を入れて議論したいのかといった価値判断の基準を持ち、たとえ若造がアポイントメントを申し出たとしても、本当に価値がありそうなものであれば、時間を作ってくれます。

実際に、超多忙で忙しいはずの有名社長が2カ月後どころか、「面白そうだね、じゃ、今日の4時ごろどうだい？　30分しかないけどいいかな？」なんて言ってスケジュールを空けてくれたりするのです。

●自浄作用とリスク

最後に、先ほどの『ハーバードビジネスレビュー』の記事は面白い提案で締めくくられています。
それは、「恥知らず」を1人入れてみようということです。
「血迷ったか?」と思われた方、当然です。

しかし、行動科学の研究によれば、恥知らずの人が1人いて、皆がその人が拒否されたり避けられたりするのを目の当たりにすることで、自然と反面教師として、「そうなってはいけない」と学ぶ効果があるそうです。実際、恥知らずをヘッドハントしてきて、昇進までさせた会社の幹部のほとんどがこの教訓を学んでいると言います。

でもこの提案も、トップが恥知らずの場合は有効ではありません。つまり、効果は封印されてしまうということなんです。

それどころか、「自己満足」の「不適切な価値判断基準」の下、ハッスルしているのは自分だけで、どんどん現場は冷めていくといった、どこの大組織でも目にする「ハッスル反比例の法則」に陥っていくことも多いのです。

みなさんの多くは、日頃危機感の少ない部下の動きにヤキモキし、「どう現場を動かすか、マネージするか」といった1つの視点でしか見れなくなっている当事者なんですよね。

だからこそ、もう一方の視点、つまり相手をいかに変えるかどうかのみではなく、「自分をどう変えるべきか」という対極の視点も常に意識し、自己改善すべきではないでしょうか。

カリスマ個人タクシードライバーがいるとある人から聞きました。

その人は抱えきれないくらいの顧客層を持っていますが、肩書きではなく、大会社の社長であっても、唯一人間性に障害を持った人だけを差別して顧客リストから外していると言います。

その人はもちろん、学生であっても企業の幹部であっても、海外からの来賓であっても、決して態度や言動は変えず、常に相手の立場を考えたおもてなしを心がけた100%の対応をしていると言います。

早朝ゴルフの客がいれば、何も言わずサンドイッチとおにぎりを自宅を出る前につくってきて、後部座席に置いておく。ご飯党かパン党かわからない場合でも対応できます。

これが受験のために早朝の飛行機に乗る学生でも同じです。深夜接待を受けて帰宅予定の企業幹部がハイヤーの依頼で電話をかけると、「お弁当やお茶を一緒に買っていきましょうか」と一言ありますが、これは新入社員が会社の歓迎飲み会の帰りにハイヤーを呼んだ場合でも行動は変わりません。

「それは会社とは別の世界の話だから」と言ってしまったらおしまい、思考停止です。優れたリーダーは決して謙虚さを忘れず、一貫した行動をとることができます。

今一度、自分の行動や言動、そして思考パターンを洗い出して分析してみるのも決して遅くはありませんよね。

「謙虚さの重要性はわかっている」という人も要注意!

繰り返しますが、「あたりまえ」のことを「あたりまえ」に続けることが一番難しいのですから。

3 謙虚さ vs プロフェッショナリズム

前項で、「偉大な経営者であっても、謙虚さは失いやすい」が、本物のリーダーは「謙虚さを失わない（努力をしている）」ということを考えてきました。

●バランスのとり方

その後、外資系のある大手経営コンサルティングファームに勤める友人からこのようなことを何気なく聞きました。

「確かに、謙虚さって重要で、難しいですよね。すぐに勘違いして天狗になってしまうから。しかし、一方で、謙虚さだけで成果を出さないというのもよくないんですよね〜。（謙虚さと対極にある）揺ぎない自信を持ち、自分を奮い立たせることも重要だと思う。そのバランスが難しいですよね」

まさにおっしゃるとおりです。バランスとメリハリづけは常に難しいものです。上記の話は「謙虚」VS「プロフェッショナリズム」とでも言えるでしょうか？

みなさん、どう思われますか？

「最終的には謙虚さを持ってない人はダメ！　そんなのいくら仕事ができても人間としてNG！　絶対認めない！」とか、「プロは成果を出してこそプロじゃねーか！　てやんでー。成果を出せないくせに謙虚なひ弱な奴なんざ卑怯なだけだ！」

などと、とかく両極端な議論になりがちです。

しかし、謙虚であるべき場面と、プロフェッショナルであるべき場面はそれぞれ存在していて、関口宏の『どっちの料理ショー』のように、「今のあなたの気分は『謙虚』と『プロ意識』のどっち？」といった類の問題ではないのですよね。しかし、実際のところ、これらのバランスを意識し続けることが最も難しいと言えるかもしれません。物事には常に表と裏がありますが、正しく思考するためのＭＥＣＥ（モレ・ダブリなし）のフレームワークと同様、バランスが重要ですよね。

たとえば、身近にＭＥＣＥに考えるフレームワークの例では、メリットとデメリット、質と量、長期的視点と短期的視点、外部環境と内部環境などがありますが、これらはすべてどちらか一方を検討する際、もう一方も検討しなければ評価ができないことを意味しています。

「質が重要！」と言っても、１億円費やして１つ１００万円の製品が5個しか作れないような事業は商売になりませんし、「ビジョンが重要！」と言っても、今日これから伺う営業先へのトークがうまくできなければ話になりません。

同様に、「外部環境が重要！」といくら市場分析や競合調査をしても、そこから導いた「ベスト」な戦略を自社が実行して優位性をもたらすだけの源泉と言える優れた資産や特徴的な能力による「超具体的なレベルでの」差別化がなければ、単なる独りよがりの戦略に過ぎないのは至極当然と言えます。

つまり、「質を重視する」といったときは、最低限満たさなければならない量を確保しながら可能な限り質を追求することが求められますし、戦略が実行できるための無数の細かな施策に落とし込まれ、実際に一貫性のある行動が伴った前提でビジョンが存在しなければならないのは言うまでもありません。

●バランスの重要性を考える事例

最近はやりの顧客ロイヤルティ（顧客維持の源泉と言われる）も、結局そのベースにあるのが、「費用対効果の再検討」ですよね。いわば、それまで顧客満足度至上主義と言える過剰（無謀）サービス戦争に、誰かが言ってはいけない禁句を口にしたのです。

人物Ａ「ちょっとちょっと、闇雲に顧客満足をあげようとしても意味あるの？　逆に出費のほうが多くない？　それってひょっとして前よりひどくない？　と言うか、赤字でしょう！」

人物Ｂ「・・・・（ガーン！）」

と言ったかどうかは定かではありませんが、このような誰かのゼロベースで考えたつぶやきに似たツッコミによって、思考停止していた皆の目が覚めたのです。

昨日まで「すべての人に最高のサービスを」(略して「ソリューション」)と唱えていた多くの輩が、一瞬にして「コストを無視して満足度を上げちゃあいかんだろう。顧客はすべて神様じゃない。自社が最高のサービスを提供したい(優先順位の高い人)が誰であるかまず決める必要があるんだ! そしてその顧客に合った顧客満足度をあげ、スイッチングコストを高め、また、人間的な絆を深める必要があるんだ。エッヘン」(⇓学者の受け売り)という「あたりまえ」のバランス感覚にゆり戻されたと言えます。

●ビジョナリーカンパニーからのヒント

優れた企業を選んで、その強みを分析した『エクセレントカンパニー』(英治出版刊)の掲載企業の多くが不振や撤退に至った状況を考え、短期的でなく長期的に優れた企業18社を分析したコリンズ&ポラスの『ビジョナリーカンパニー』(日経BP出版センター刊)でも、「ANDの才能を重視しよう」(AとBのどちらかではなく、両方できる第3のオプションを考える)など物事の2面性についてその重要性を説いています。

たとえば、今、企業再生や変革というキーワードが飛び交っていますが、同書には以下のようなメッセージがあります。

「基本理念は維持しながら進歩を促す」

つまり、ただ闇雲に変革し続けることが重要ではない。企業が成功し続けるためには戦術こそ変わりつづけても、基本的価値観は決して変えてはいけない（決してブレてはいけない）

日常生活で言うと、ＴＰＯに合わせてといったところでしょうか。おそらく、このあたりは思考停止した大企業のゾンビ軍団（社内失業者群）や、思い込みの激しい独りよがりリーダーの場合、自分のメガネのフレームの色や形は普通にＴＰＯに合わせて変えることができても、自己完結しない組織における仕事では、ＴＰＯなんて言葉は自分の辞書にはないのでしょう。バランス感覚が狂ってしまうことが多いようです。

前項までの話で、それまで名経営者でも10年間名経営者と崇められ、成功ロードを突き抜けてくると、謙虚さとプロ意識のバランスが麻痺してくることも多いという話をみてきました。

そして、そのような人が今のような不確実なビジネスの世界に直面すると、数々の不確実要因（インターネットの出現や法規制の変化など、いわゆるＰＥＳＴ要因）によってビジネスの前提ががらりと変わったことに気がつかず、

○「過去の前提」における、
○「自己の成功体験」に基づいた、
○「根拠のない自信」に満ち溢れた結果、下された、
○「誤った意思決定」によって、

凋落してしまうということが起こってくるのですね。

冒頭の課題に話を戻してあらためて、「謙虚さ」ＶＳ「プロ意識」を１つの見方で考えるこんなＴＰＯがあるのでしょうか。

◆改善のための下地→「謙虚さ」の追求

EQで言う自己の感情を正しく認識して（例「失敗はしなかった、ただ、認めるのは悔しいが、ああすればもっと成功しただろう」）その上で、自己の感情を正しくコントロール（例「もっと改善しよう」）

◆改善目標を達成する意志・行動→「プロ意識」の追求

ここまで来ると、「プロ意識の中には最初から謙虚さは必須事項として入っているんではないか。いや入っていなければおかしい！！」という見方もあるでしょう。要は、謙虚さもプロ意識も相対するものではなく、両方追求しなければならないものだということです。

●謙虚さ保持のためのセルフトレーニング

みなさん、これをきっかけにぜひ自分に必要な謙虚さを再考してみてはいかがでしょうか。

たとえば、謙虚さについての気づきを得るための方法の1つに、「成功しても反省し、改善のための策を考える」ということが挙げられます。

ビジネスの解はたいてい1つでないと言います。正確に言えば、正解の中でも素晴らしくよい意思決定と、そこそこの意思決定、リスクは少ないがまあまあよい意思決定、考え得る正解の中でも最悪の意思決定などがあるということでしょう。

逆に言えば、そんな正解がたくさんあるなかで、失敗なんて非常にレアケースで、賢明なマネジャーは明らかな失敗なんて犯すことは少ないのですが、そのようなときに「みなさんが行ったその意思決定はベストでしたか？」と聞くと、たいていは皆多少トーンダウンしながらも、「う〜ん。いや、あの状況ではベストであった、……に違いない」と引き下がらず主張します。

重要なのは、「いかに最善の意思決定をとれるか」、「最善が難しければ、次善策をとれているか」ということを考えることであり、絶えず「成功」しても謙虚さを持ち続けることで黙っていても（無意識のうちにでも）次回へ向けた「反省と対策」を練り続け、学ぶサイクルを早く、そして短くしていくことで人間的な成長を継続するということではないかと思います。

改善のためには謙虚にならないと改善点が見えてきませんし、改善点を認識しないと自己成長もできないのですから。

失敗して改善するのはサルでもできる。成功してどれだけ改善点を見出せるかこそが重要なことなんですよね。

第5章
薄っぺら人間型リーダー
気づき④仕事はできるが「信頼ゼロ」になっていないか？

- 信頼よりも自分のメリットをとる人
- 義理と論理行動を両立できない人
- 朝令暮改と首尾一貫を両立できない人

信頼性の高さはリーダーの絶対条件

弱肉強食だから手段なんて選んでいられないよ
契約書

自分のメリットだけを追求しつづける薄っぺら人間型リーダー

1 実力VS信頼

「あの人は優秀だけど、何でも自分中心だからあまり頼みたくない」
「確かに仕事はできるが、調子がよすぎて人間的に好きでない」

どんな人もこのような感情を抱いたり、抱かれたりしたことは、一度や二度ではないかもしれません。

特に、企業の人事部からのお話では、まわりからの負の偏見も多いMBAホルダーをはじめとして、いわゆる「エリート」と見られがちな人に対して、なおさらこのような感情を持つことが多いようです。

では、冒頭の感情が現れる最も重大な原因は何でしょうか？

【敬遠される理由】
①優秀だが、結果を出せていないのに独断型で、主張が強すぎるから
②優秀で結果を出せているが、独断型で、主張も強すぎるから
③優秀で結果も出せていたり、人当たりもいいが、自分の実力向上しか興味がないから

どれだと思いますか？

最も大きな原因は③です。つまり、相手の立場（チームや会社、顧客企業のため）を考えてというよりも、あくまで自分の実力、実績向上のための行動が過ぎるということなんです。意外ですよね。

中には、「自分の実力、実績向上」のための行動の延長上に最終的な「会社や顧客のメリットがあればよいのでは」という方もいらっしゃいます。

当然そうなのですが、もちろん「チーム、会社、顧客のメリット」の最大公約数を達成するために自分が何をすべきか（何ができるか）を考えるのが理想ですが、現実的には冒頭のように批判的な意見を持つ人から見ると、「自分の実力・実績向上」のための行動が、「チーム、会社、顧客のメリット」を考えた行動よりも優先していると感じられているようです。

一方、このような批判を受ける当の本人たちには、「①確信犯的な人」と「②確信犯的ではない人」の2種類が存在するようです。

それぞれ詳しく見ていきましょう。

【「①確信犯的な人」の言い分】

「何、甘ちゃんなことを言っているんだ。そりゃー、弱肉強食の時代は自分のメリットを考えないとやっていけないぜ」

実はこのように確信犯的な人はまだ問題の根は浅いと言えるのです。

つまり、「ぶっちゃけ、確信犯的にやっているのをみんな気づいていますよ」ということを認識させればよいのですから。

つまり、問題は自分で誤った優先順位づけをした行動をしているということを十分認識した上で、「この程度ならいいだろう」、「この人に対しては多少いいだろう」「まあ、誰も気づかないだろう」と自分本位に偏った行動をしているからではないでしょうか。

しかし、フタをあけてみると、どっこい、まわりはあなた以上に賢い（知らないフリをするか、知った上で接している）というオチがついていたのですね。

このような人には、短期的に親しくしていても、中長期的には深い付き合いのできる人はついてこないのですよね。

これは競争力の強い企業が、強制的なスイッチングコストを課すようなマーケティング政策を練るときの感覚と似ているのかもしれません。

「この品薄の人気商品を売るために、この売れない商品をバンドルしよう(たとえば、かつてガンダムのプラモデルがブームとなったとき、シャア専用ザクと人気のないホワイトベースのプラモデルをセットで売ろうとした模型店のように)」と考えても、消費者は狙い通り買いませんし、買ったとしても、その店に対する不信感は拭えず、その後その店以外で探すようになるのと同じかもしれません。

病院もその一例です。一回かかった病院でひどい扱われ方をしても、治療の途中で病院を変えるのはリスクだと考えるので、ある意味、病院側は治療というサービスで、高いスイッチングコストを患者に課すことができますよね。

ただし、患者は健気に通院していても(ロイヤルティは高くても)、それはプラスではなく、マイナスのエネルギーによるロイヤルティです。そしてこのロイヤルティは結果としてあるきっかけで簡単に崩れてしまうんですよね。

病院の例では、一連の治療が終わったと同時に、二度とその病院には行かなくなるというように……。

このように、「①確信犯的な人」に当てはまる人は「皆、あなたの偏った（割り切った）行動については認識した上で接しているんですよ」ということを再認識していただくほかに解決案はありません（しかし、コレはショックは大きいかもしれません）。

自分以上にまわりは敏感で、よく知っていることだけでも十分認識する必要がありますが、さらに恐ろしいことに「このような認識を実は大抵その他の人と共有しているのです」と言われたら、あなただったらどう思いますか？

これは、特に労働市場でも顕著に見られる典型的な例です。

いくら転職時にピカピカの履歴書と職務記述書を出して、面接でも調子よく飛ばしていても、あるレベル以上のヘッドハンターや採用企業は必ず転職希望者のリファレンス（個人の信用照会）を取りますし、ほとんどのケースでリファレンスをとらなくても明らかになるわけなんですね。

そして、そのリファレンスでは「笑ってしまうほど」候補者の自己PRと実際の評判との間に開きがある（言うまでもなく例外を除き後者が正しい）というケースにぶち当たります。

よく「徳を積んだ人はすばらしい人から慕われる」＝「人徳がある」と言われますが、人の評価こそ「結果」ではなく、「プロセス」を見ればすぐにわかるものです。

当然、結果が重要ということは紛れもない事実ですが、だからといってプロセスが重要ではないということはありません。

人間は感情の生き物ですから、最終的な信用や信頼というものは、その人なりの「色」や「信念」とそれに基づく「行動」についてくるものかもしれません。

では、「②確信犯ではない人」の犯す誤りを見てみましょう。

【「②確信犯ではない人」の言い分】

「な、な、なんていうことを言われるのですか。私は常にチームと会社、そしてお客様のメリットだけを考えて行動してきたのに……ぐすん（泣）」

問題はむしろ確信犯ではなく、このように総論では認識しているが、各論では認識できていないような人の場合のようです。

このような人は「相手のメリットを考えて行動している」というレベル自体にズレがあるので、している・していないの話よりも、むしろ「どのレベルでしているの？」ということをすり合わせないといけないのですよね。

そのためには、まず「具体的に事例を出して」、「どのレベルで」行動しないと意味がないのかという問題を認識するように「気づかせる」必要があります。

本来であれば、確信犯と違い、ココロの底からチーム、会社、顧客へ「貢献したい」と感じているということですから、具体的に「こんな場合なんかも、もう少しこのような観点で行動できると◎です」ということを示せばよいのですが、実際は、具体例（ベンチマークとなる人の行動）を示して認識してもらわないと、正しく理解してもらうことが困難なケースも多いのです。

たとえば、日頃さまざまな人と接する中、結果的に信頼を失ってしまっていると言わざるを得ないのが、ある人（または会社）の事業やサービスなどを「第三者に紹介」するときの場面と言われます。

「この会社を紹介しますよ」

いろんなところで見られますよね。

これは、頼まれて初めて、「わかりました、紹介しましょう」というケースと、頼まれずとも相手によかれと思って、「あなたの会社にとってメリットがあると思うので紹介しますよ」というケースの2種類があります。

ただし、両方とも信頼を失う最悪の結果を残すことが多いと言いますから、ちょっとそれぞれのケースを見てみましょう。

①頼まれて紹介するケース

紹介を頼む側にとっては、目的は「出資を依頼したい」、「提携をしたい」、「商品をPRしたい」などさまざまですが、最悪の場面というのは次のとおりです。

頼まれたあなたは、とりあえず紹介先に連絡をとり、「紹介してほしいという企業があるんだけど、とりあえずちょっと会ってくれませんか」とアポ取りを行います。

紹介依頼先にも「来週の月曜に時間が取れましたので、行ってみてください」と連絡し、とりあえずやっつけの紹介仕事終了。

（当日のミーティング）

紹介先「本日のアポの趣旨を全然理解していないのですが、どんな御用でしょうか」

紹介依頼側「え？　あ、あのー実は……」
紹介先「……あー、そうですか。わかりました。また機会がありましたらご連絡します……」
紹介依頼側「か、かしこまりました。ありがとうございました」
以上、機械的な会話劇場の終了

こんな紹介のされ方は、紹介依頼側にとっては最悪ですし、趣旨を理解しないで紹介をされた方も、大抵の場合、時間の無駄で終わってしまうんですよね。

多くの場合、依頼した側は「少しでも多くの接点を持つためなので仕方がない」という気持ちで仲介者に苦言を呈したりしないでしょうが、相手に与えた印象は最悪でしょう。せっかくの商談先とのお話の結果が中途半端な形で終了してしまうのは非常にもったいない話です。自分でアプローチした方がよっぽどましな場合も多いでしょう。

また、紹介先にとっても迷惑な話です。紹介者から時間をとってくれと言われたのでとったが、「単なる営業だった」という思いが募ります。多くの場合、紹介者は「あまり中身はわかりませんが、とりあえず会ってくれませんか」ということが多いようです。

では次に、頼まれずに紹介をしてあげるケースを見てみましょう。

②頼まれずに紹介するケース

よかれと思って紹介したはずが、先ほどの例と同様、紹介された側とした側が無言／または一方的な営業トークで話がかみ合わないまま終了というケースが多いようです。

原因は①のケースと同じです。

あなたが、きちんと段取りをせずに、「話はつけた。あとはお好きに」というのは、最悪の場面を作ってしまうだけであり、紹介をしてもらった側も紹介のされ方が曖昧だと、「潜在的な顧客を一瞬にして失ってしまう」ことも多いのです。

ここで、簡単に「会社を紹介」と言いますが、今一度その行為の重要性を考えてみる必要があるかもしれません。

基本的に、人を紹介するということは、「紹介者の信用」を売るということであり、たとえそれが相手にとってよかれと思って紹介をする場合であっても、そのときには「紹介者の責任」というものが発生することを認識する必要があるのです。

「紹介してやってるんだから……」と思う人は要注意。

一方のニーズしか満たせないような紹介や、よく知らない人や会社でもとりあえず紹介するというような行動は、頼まれて紹介する場合も、頼まれずに紹介する場合でも、紹介先双方の背景を無視して、両社のせっかくの事業機会をなくしてしまったり、一方的に無駄な時間と労力を押し付けてしまう無責任な行為と言えるんですよね。

●リーダーがリーダーたる所以……信頼の大きさ

まわりの人がついてくるリーダーには、実力よりもむしろ信頼が必要と言われます。

つまり、仕事ができる人はたくさん存在するが、仕事ができる人を統率するためには実力に輪をかけて大きな信頼を築いているといいます。

中途半端な紹介や、自分が信頼できない先の紹介などは決して行わず（お互いにとって失うものの大きさやリスクの方が大きい）、逆にお互いにとってよいと思われ、自分も推薦できる先の紹介は徹底的に自分も参加し、お互いの紹介（ニーズ、長所や機会など）をきちんとした上で、紹介の場を設定するように努めているといいます。

また、ミーティング時にはありがちなお互いの紹介だけで30分終了というのではなく、目的に沿った話の中身について深いコミュニケーションがとれるようにセッティングをするということも最低限の紹介者責任の範囲です。

また、本当に自分の信頼や責任をかけて紹介できるような人や会社の場合は、紹介された方がミーティングにうかがったら、「すでに話がついていて受注の内容の確認だった」というケースもあるようです。

「そこまで……」と思われる方は、今一度振り返ってみるとよいかもしれません。

優れたリーダーと普通のリーダーでは、結果として中長期的な付き合いの、

◎深さ（浅い人脈か深い人脈か）と

◎広さ（部下だけでなく、同僚、上司、取引先、取引先の取引先・・・）

を比べてみると、誰が何と言おうと、圧倒的な違いが見られるのですから。

改めて、紹介とは「機械的に行うもの」ではなく、「自分の信頼」をかけて「真剣に行うもの」であることを忘れたくないですね。

2　義理VS論理的行動

ある名経営者の言葉で言えば「マインド」、もう1人の名経営者の言葉で言えば「人格（歴史観、哲学観、志）」、これらはいったい何のことでしょうか？

実は、優れたリーダーに必要な人材の要件として、一般的な能力ややる気といった比較的目に見えやすいもの以外に、最も重要となるKSF（キーサクセスファクター）として挙げられたものです。

共通するのが、それらが「決してブレず、一貫性がとれている」ということです。

本章のテーマになっている「信頼」とも関連しますが、それらがコロコロと変わったり、そもそも「ありません」というのは議論の対象外となります。

なんとなく「能力」や「やる気」だけでは駄目っぽいということはわかっていても、何が足りないのか深く考えるきっかけはそれほどないのではないでしょうか。

たとえば、

○そつなく仕事をこなしていても、どうもその人の「意志」が見えない（分析はよいが、中身が「薄く」感じる）。
○分析はしてくれて提案もしてくれるが、どうも機械的で、骨抜きの提案に見える。
○いかなる状況であっても、マニュアル対応で融通がきかない。

これらはすべて個別の問題解決テクニックそのものの問題ではなく、それぞれの仕事に取り組む際に「どのような姿勢でこの問題を解決すべきか」という自分ならではのポリシーが欠如していることが原因と言えるのかもしれません。

そこで、ここでは、リーダー（およびその候補）を担うみなさんにとって決して失ってはいけない「マインド（哲学観・志）」の中で、曖昧ながらもその自分のポリシーを示す具体的な1つとも言える「義理」に対する考え方をみていきます。

●「義理」っていったい？

広辞苑では、「義理」とはこのように書かれてあります。

「物事の正しい筋道。道理。わけ。意味」

つまり、これは正しい結論や戦略を導くといったときに必要な正しい「論理（ロジック）」と似ているように思えますが、果たしてどうでしょうか。

一方、広辞苑にはこうも書かれています。

「人が他に対し、交際上のいろいろな関係から、いやでも務めなければならない行為やものごと」

前者と後者の言っていることは同じですが、後者のほうがより具体的かつ現場の状況が目に浮かびます。

「人の踏み行うべき正しい道」的な説明ですね。どちらかというと日本的な「気働き（相手のことを考えて、誰に何も言われないままに行動をおこそうと思考する）」の部分にスポットライトを当てて、具体的に説明をしているようにも思えます。

ただ、共通することは、「人として踏み外してはいけないルール」「人として最低限果たすべきもの」と言えるようです。

●私欲に走る「論理思考リーダー」

実際は、この「義理」を重視しない（義理立てができていない）リーダー（候補）がたくさん存在していると言われます。

もちろん、この義理にも「どこまで考えるべきか」という線引きが必要なことは言うまでもありません。見方によってはKKD（勘と経験、度胸）による経営と同じくらい、G

N（義理と人情）経営は危ういともとれます。

しかし、ここで焦点を当てているのは、「最低限の義理」も果たさないリーダー（候補）が増えつつあるという懸念です。

では、具体的にはどのような人、人に対して「不義理」をしてしまうのでしょうか。詳しく見ていきましょう。大きく2つに分けられます。

①有言不実行タイプ（気づきが足りない不義理リーダー）

これは、個人的な信頼・約束・契約に応える義理ということで、至極当たり前でわかりやすいですよね。これは、単に約束を守るといった単純なものに加え、「どのレベルで約束を果たすか」といった質の問題もかかわってきます。

これは、前出の例のように、「人に紹介をお願いされた際」、単にメールまたは電話で「とにかく会って欲しいと言っている」的な乱暴な紹介と紹介をされる側の信頼を失わないよう、「よく内容を把握し、適当であれば全面的に自分な中に入ってお互いの説明をした上で、紹介をする」というレベルでは、まったく「信頼」の程度が変わってくるということです。

要は、やっつけ仕事で人やモノを紹介してしまう人ということですね。

②踏み台型自己成長タイプ（確信犯的不義理リーダー）

一方、もう1つは確信犯的な不義理を行うリーダーです。そして、これが今回のテーマです。

つまり、周りの人を踏み台にして、自分だけが他を出し抜いて成功しようと考える人です。

もちろん、すべてのものがゼロサムゲームではないので、自分が成功するための行動が、必ず他の人の足を引っ張るわけではありません。

しかし、ここで扱うケースは、紹介者から人脈やその人と知り合う機会を与えてもらいながら、その人のメリットよりも、自分のメリット享受に励んでしまうといった場合です。

たとえば、コンサルティング業界に多く見られる、こんなケースがあります。

自社（コンサルティング会社）の顧客企業を担当していたコンサルタントが、独立してその顧客企業と交渉し、顧問契約をしてしまうという例です。

「そんな、どの企業も『競業避止契約（Non-Competition Clause）』があるじゃないか」と言う方もいらっしゃるかもしれません。

しかし、あくまで契約の中の話は、紳士協定程度の拘束力しか実際はありません。

また、最終的に「顧客が自分を選んだ」と言ってしまえばそれでおしまいであることに加え、コンサルティング会社にとって訴訟を起こすという行動は「自社サービスの価値が、その個人1人の価値に負けた」と言っているようなものですから、あまり積極的にしたくない意思決定です。訴訟の常として、勝っても自社は時間的、金銭的なロスのほうが大きい場合もありますし。

また、このようなケースもあります。

自社のクライアントをある人に紹介した後、自社のサービスと同じ領域でその人が紹介したクライアントとコンタクトを取り、契約をしてしまった、というケース。

これらは、「まさか！そんなあからさまなケースなんてないよ」と思われるような出来事かもしれませんが、意外と多いようなのです。

もちろん、理由はさまざまですが、人の意思決定プロセスの落とし穴にはまって、前述のような行動に走ってしまうことも多いようです。

実際、ロジカルシンキングの落とし穴と同様、人の意思決定は、感情や思い込み、偏見によって大きく揺り動かされますよね。

たとえば、本来不義理であることを理解していながら、「ちょっとこれは特別なケースなので直接契約しちゃおう（例外的な事例でロジックを作ってしまうケース）」とか、「紹介していただいた人のサービス領域とは微妙に異なるから、いいだろう（自分が望む仮定を前提にして、意思決定をしてしまうケース）」などという自分の中の意見を聞いていくと、最終的に「うん、大丈夫だ。特にその紹介者を通さなくてもいいだろう」となってしまうことが多いようです。

●適正な意思決定の優先順位とは

このような話をすると、常に「じゃあどこまですべきなんだ！」「自分はボランティアじゃないし、この弱肉強食の時代に、自分の利益を第一に考えてどこが悪い！」と考える方も多いでしょう。

実はこの義理は、企業の中における「倫理」に関する議論と似ているように思えます。

損得で言えば、言うまでもなく「義理とか人情といった古臭くてロジックとは正反対の世界なんか構ってられない」となるでしょう。

しかし、それではエンロンやアーサーアンダーセン、ワールドコムの問題（及び破綻）と同様です。

会計操作をすれば、目に見える財務諸表上の利益を多く出したりすることは簡単なことは、小学生でもわかります。

難しいのは「信義的に○か×か」という線引きを自分の明確でブレない「マインド／哲学観／ポリシー」によって行うことなのです。

逆に言えば、多くの場合、たとえば会計操作をしないのは、個々人が、レベルの差はあれど、「明確な自分自身における倫理感や基準を感覚的に持っているから」と言えます。

ただ、前述のとおり、例外の事例や自分の都合でつくった仮説を、「いいだろう！」と意思決定するための根拠に使ったりすることで、その基準がブレてくる危険性は常にあります。

これと同様で、自分の「義理」感はとかく優先順位が下がりがちです。

それを満たしても、短期的な利益にならないからかもしれませんが、問題は、果たして、だからと言って、これらの世の中の最低限のルールを無視してもよいようなものかどうかです。

ハーツバーグの動機づけ理論ではないですが、満たされないと不満に思うもの（満たされても満足はしない：衛生要因）と、満たされると満足するもの（満たされなくても不満にならないもの：動機づけ要因）とがありますが、そこで言うと「倫理感」や今回のテーマにある「義理」などは、満たしても必ずしもプラスにはならないが、満たされないとマイナスになる「誰に何も言われなくても人として最低限満たすべきもの」と言えるのかもしれません。

先ほどの例に当てはめると、会計操作をしたエンロンの財務担当者と同じくらい、会社や人に対して不義理をしたコンサルタントは罪が深いと考えることもできるのです。

●ある経営者のひとこと

このように見てくると、義理というのは、人の世の常として他人におこなうべき道（儒教の義理）に近く、また、最近流行の武士道やその他「道」のつく人たちに共通するあたりまえ（暗黙）の「価値観」として義理ということが当てはまるようですね。とすると、「何もいまさら」という気がしてきますし、リーダーをめざすみなさんから見れば、当たり前のようにできているんじゃないか？と感じるかもしれません。

しかしながら、多くの人事担当者や経営者に聞くと、「信頼感を持てない人が多い」というアンケート結果と同様、「不義理な人が多い」と言います。

中には「なぜこのような恵まれた人（もう一歩で本物のリーダー）が？」という人が、簡単に人に対して不義理だったりすることが多いと言います。

ビジネススクールの同窓生オフィス（Alumni Office）と話をしても、共通して語られるのが、

「小手先の経営スキルやキャリアの処世術でなく、人間的にもスケールの大きな成功者になってほしい」という本音です。

みなさん、いかがでしょうか。

誰に対しても、意図しない形で人に不義理をした経験など、1つや2つではないでしょう。

心当たりが1つでもあれば、「気づき」がある人と言えるのではないでしょうか。改善し、さらなる成長を遂げることができます。しかし、1つも心当たりがないとすると、自分を正しく認識できていない可能性があります。

最後に印象深いある経営者の一言を。

筆者「どのようなCOO（最高執行責任者）を望みますか？　実際、能力ややる気も重要ですが、マインドもやはり重要……」

経営者「（速攻で）いいや、マインドだけですよ。やる気や経営スキルがある人は山ほどいる。ただ、それらに意志が入っている人はほとんどいないよね。逆にマインドがブレてなきゃ、やる気も出せるし、能力もつけられる。その確固たるマインドがないと信頼できないし、信頼できないとコミュニケーションギャップが生まれるからね。そんな状態で権限委譲できないし、できたとしてもトンチンカンな行動しか期待できないよ」

3 朝令暮改VS首尾一貫

●朝令暮改は是か非か?

『大辞林』(第二版)によると、朝令暮改は以下のような説明になっています。

「朝出された命令が夕方には改められる意。法令などがすぐに変更されて一定せず、あてにならぬこと。朝改暮変」

もともとはネガティブな意味で使われることが多いこの言葉ですが、よく「優れたリーダーの意思決定はときに朝令暮改だ」とポジティブな意味で使われたりもしますよね。

前述の定義の話ではないですが、いきなり「朝令暮改は是か非か？」なんて議論を始めたら、まことにナンセンスな無駄な時間を費やすことになります。

つまり、ある人は「決してブレてはいけない！　信念は簡単に変えてはいけない」と主張し、「朝令暮改など愚の骨頂！」と言いますし、別の人は「何をまったくバカなことをおっしゃる。周りの環境がすさまじい勢いで変化する現代社会では、環境に応じて考えも変えなければならない」と主張します。つまり、「朝令暮改は必須要件。朝令暮改をやみくもに否定するのは単に頭がカタい証拠」となります。単に過去の成功体験にすがって思考停止しているだけということですね。

みなさんおわかりのとおり、朝礼暮改か首尾一貫かは「モノによる」、ということですね。

当然、どちらも時と場合によっては重要なことです。

ＩＴ業界に懐疑的だった竹中平蔵さんが突如ＩＴ推進派に回った事例を考えてみましょう。

否定的に見れば、「取り入るのがうまい」となってしまうでしょうし、好意的に見れば、「機を見るに敏」となります。

まあ、実際はどちらが本当かはご本人に聞いてみなければわかりませんが（笑）。

一般に、基本的な「スタンス（立ち位置）」そのものが変わってしまうようなこと（朝礼暮改）は、信頼を失うことが多いようです。基本的スタンスこそ首尾一貫であることが重要であると言えます。

逆に、より手段方法論に関わることの場合は、首尾一貫というよりは、むしろ自分の立てた仮説を検証しながら、必要に応じ「朝礼暮改で主張を変える」必要性があると言えるのかもしれません。

たとえば、先ほどの例で言うと、「ＩＴ業界の全産業に占めるシェアがまだ数％にも満たなかったため、まだまだ重要な産業ではないと考えていた」↓「しかし、よくよく見てみるとシェア自体は数％に満たないが、伸び率が２００％を超えているじゃないか」→「（このペースでいくと、数年後には全産業の中でも主要なシェアを占める立派な業界になる」→「だからやっぱりＩＴは推進すべきだ」というようにです。

前述の『ビジョナリーカンパニー』（Ｊ・コリンズ、Ｊ・ポラス共著　日経ＢＰ出版センター刊）風に言うと、戦術こそ変わりつづけても、基本的価値観は決して変えてはいけない（変化や変革が重要なことはよくあるが、基本理念や価値観はブレてはいけない）となるのかもしれません。

リーダーの信頼を形作っている基本的な理念や価値観が、時と場合によって簡単にブレてしまうというのは、言語道断。部下にしてみると、「結局都合のよい解釈をしているだけじゃないか」と思うだけなんですね。

●首尾一貫すべきもの

『ビジョナリーカンパニー』では、こうも言っています。

長期的に優れた会社の基本理念にはしばしば正反対のものもあった。つまり、重要なことは理念の内容ではなく、その理念が組織内でいかに深く信じられているか、そして会社のあらゆる細かい部分まで、いかに一貫して理念が実践されているかが重要である。

これをリーダーに当てはめてみても一緒です。

部下や組織の形態にも関連するため、リーダーシップには唯一の最善解はないと言われます。

機能別組織の下、軍隊のようなマネジメントで、優れた営業成績を打ち出す営業会社もあれば、階層の少ないプロジェクトチームやフラットな組織で自律的に成長する営業会社もあるのです。

最悪なのは、一貫性なく異なるポリシーで用いられる手段方法論を一緒に活用したり、必要不可欠の手段方法論が抜け落ちたまま活用したりする例です。

●政策が一貫していない例

政策が一貫していない例を考えてみましょう。

日産自動車がゴーンさんをはじめとする外人部隊（外部から招聘または出向してきた幹部。国籍的にも外人ではありますが）をうまく活用して一気に会社のしがらみを断ち切って大変革を実施したのを見て、そのまま自社でも真似しようとしても、うまくいかないことは、少しだけ想像力を働かせると認識できます。

たとえば、トヨタ自動車で同じような変革を起こしたらどうなるでしょうか。

つまり、2兆円の現預金を持ち、日々カイゼンし続けており、変革の必要がないと言われるトヨタ銀行……、ではなくトヨタ自動車では、そもそも会社の状況も背景も変わる目的も異なります。

大きく変わる必要のないトヨタで普通に外人部隊をどんどん入れて変えようとしても（何を変えるのかという問題もありますが）、会社の士気を下げてせっかくボトムアップで確立してきたマネジメントスタイルのよさが出せない可能性は非常に大きいですよね。

実際、あるセミナーでトヨタの幹部がある会社の変革を賞賛しながら、「ウチで外部から幹部登用をするなんて、ありえないが」と付け加えました。

これは外部人材の登用自体が悪いと言っているのではなく、少なくとも今のトヨタで行うことは適切ではないということです。「死ぬまで改善」という前提はあっても、会社のあらゆる制度が外部人材登用を含む大変革というものを前提としていないからです。

●政策の手段方法論が欠けている例

次に、政策はあるが、そのための手段方法論が欠けているケースを考えましょう。

またまたトヨタの例で考えてみます。

愛知県にあるトヨタ博物館には国内外から多くの同業他社やライバル取引先が訪れるといいます。あわせて工場見学も予約することができますが、訪れるライバル会社や中小企業の工場長、社長などは皆、口をそろえて、「この程度ならウチでもできる」と言われるそうです。

実際、カンバン方式を中心として、すでに多くの書物で事細かにトヨタの生産管理手法が分析されている中、技術的な方法論は「理論」としてみんな知っているのです。

しかし、実際は「この程度ならできる」と思ったことを、皆実行することはできないと言います。

ここには2つの要因が考えられます。

①「当たり前のことを継続して行うことが一番難しいから」

これは、みなさんも心当たりがあるでしょう。朝寝坊しないで時間通り毎日起きることから始まって、アポに遅れずに訪問する、訪問前には準備をしてミーティングで何を得るのかという目的を明確にしておくなど、当たり前のことを例外なく長期にわたって継続することは本当に難しいものです。

ここで重要なのは、例外をつくってしまってはできていないと同じということ、「全然できたうちに入らない」ということです。

「今日は体がだるいから仕方がない」、「風邪気味だから多少遅れてもしょうがない」などと一度例外をつくってしまえば、すべてなし崩しになってしまい、何でも理由さえつくればどうにでもなってしまうということです。

「上司が見本を見せる」という言葉がありますが、上司が朝7時から勉強会をしようと言って、肝心の上司本人が時間に遅れなどしたら一気に信頼を失います。「ああ、遅れてもいいんだ」となるのです。規律がなくなる最初のきっかけです。

次にもう1つの事例を考えてみましょう。

②「1つのことを成し遂げるには、たくさんの細かな施策が必要だから」

先ほどのライバル会社の例ではないですが、実際にかつて米ビックスリーの1つだった旧クライスラーの会長兼最高経営責任者（CEO）のロバート・イートンは、1994年の年頭会見で、「我々は日本メーカーに負けない生産効率を実現した。もはやトヨタに学ぶものはない」と発言したそうです。

しかし、その数か月後、クライスラーの幹部の1人がトヨタのケンタッキー工場を訪問して、本当にマスターしたかどうか確かめたそうです。

出た結論は、「クライスラーはまだトヨタに何も学んでいないことがはっきりと確認できた」（『トヨタはどこまで強いのか』（日経ビジネス編、日経BP社刊）ということです。

つまり、単に「ジャストインタイムの生産を行うために、カンバン方式を取り入れ在庫を減らしながら、多品種少量生産をできるシステムを確立したこと」がトヨタ生産方式の強みではなく、「生産の自動化にあわせ、従業員の自働化（automation with a human touch）」を徹底できたことが強みであるというのです。

たとえば、「単にカイゼンをやろう」と言ったときに、巷には何十冊ものテキストが溢れています。

しかし、そこで重要なことは、まずQCサークルを作ってアイディアを出し合うという機械的なプロセスではなく、「継続的に意味のある改善を行う仕組みを作るために、できる限りの対策をとる」ということです。

つまり「意味のある新たな改善案が確実に出るように、サポートを行う数々の施策によって、魂の入らない（実際に意味がなく、稼動もしない）改善案が出るのを防ぐ」ということにこそ、目的と手段方法論との間に徹底的な一貫性が垣間見られるのです。

QCサークルを作って改善案を毎月従業員から集めるだけなら、どの会社でもできるというお話なんです。

実際、トヨタでは、改善案の採択率が9割以上と言われています。

「なーんだ、上の者が積極的に下から上ってきた改善案をきちんと見てあげて採用してあげればいいんだ」と思うだけなら、「わかっていてもできない」部類に入ってしまうかもしれません。

実際に工場で聞いてみると、様々な従業員と議論し、意見を吸い上げながらも上ってきた改善案に対し上司（リーダー）が何度も何度もコーチングをしながら「採択できるレベルまで推敲」させたうえで提出するから、「採択率9割以上」だというのです。

号令だけかけて篩いにかけるだけなら、「サル」でもできるといったところでしょうか。実際、号令だけかけて篩いにもかけない大会社がたくさんあるので、まだ検討されるだけよいのかもしれませんが……

ここで重要なことは、リーダーはその方針だけでなく、その方針を達成するために必要なプロセスまで一貫した行動・支持をすることができるべきということです。

つまり、「言ってることはまともだが、さっぱり現実に移されないじゃないか」というのが、信頼を失うもう1つの原因であるということです。

●枠を広げる

ここまで、リーダーの「信頼」について見てきました。頭ではわかっていながら、ドキッとするようなこともたくさんあったかと思います。

本章の背景としては、「次世代の日本を背負うリーダー不在」が叫ばれる中、エリートと呼ばれる人も含めみな、「自己都合主義」になっているのではという危機感があります。もしくは、あまりに「考えることをしないで意思決定してしまっている」ともとれます。

簡単に他人を裏切ったり、ある場面で天秤にはかった上で自分のメリットを重視したりというように、その人の目指すリーダーとしての方針や明確な考えを持たずに理論と方法論だけを振りかざして仕事をこなすリーダー（候補）が増えてきているのです。

これはリーダーのロボット化とでも言えるでしょうか？

優れたリーダーは単に知識や技術が優れているわけではないとわかっていながら、すぐに「自己アピール症候群」を患い、下される意思決定は常に「自分軸」になってしまうケースが増えていると企業内でもビジネススクールでも言われます。

自己アピールは重要ですが、小手先のテクニックで他人を出し抜いてアピールするのではなく、「他人から自然とリーダーと認められるような」意思決定を常に心がけ、その行動がそのままアピールにつながるように、「本物」の信頼力を持つリーダーが求められています。

器の大きいリーダーになるためには、枠を思いっきり広げ、時には視点を引いて、客観的に自分が直面する状況を見ることができる「冷静さ（平常心）」が必要なのかもしれません。

ぜひ、これをきっかけに、ふとした自分の行動や下した意思決定を思い返し、本当に「自分の個性的な付加価値（自分だから保てるスタンス）を持っているか」、意思決定が「ブレていなかったか（部分最適ではなく全体最適の解を出せたか）」ということを振り返りたいものです。

第6章
ザ・暴走機関車リーダー
気づき⑤相手のニーズを認識不能に陥っていないか？

- 経験や実績からしか答えを導けない人
- 理論を深く考えずにわかったつもりになる人
- いつも締切ギリギリで余裕がない人

行動の前に目的を考えることの重要性

走り出したら止まらない暴走機関車リーダー

1 「目的を考えないで突っ走ってしまいました」症候群

●暴走機関車

「ニーズを把握する」、どこででも聞きますよね。下手すれば1日1回は誰か彼かが「ニーズを把握する」というキーワードを使っているのでは？

たとえば、営業ではこんな風に。

「顧客のニーズは品質や値段だけじゃなくて、商品を使うための教育研修にもあるんだよ」

企画部では、

「顧客と言ったって法人顧客だけじゃないんだ。うちにとっては顧客は法人だが、その顧客である法人のニーズを把握するためには、その法人の顧客（最終消費者）が持つニーズも把握しないとだめだ」

財務部でもこのように。

「そんなことにお金を使っていても投資家のニーズは満たせない」

もちろん、経営者も。

「株主のニーズは短期的な配当金だけじゃないはずだ。当社としての意志も明確にしよう」

マーケティングでも営業でも財務でも経営者でも、「ニーズを把握せよ」というキーワードは議論をする際の枕詞のように日々聞かれます。ここで例をいくつか挙げましたが、別にストーリーにしているわけでも、誰のニーズが重要かという話をしているわけでもないのです。

つまり、いわゆるマーケティング上の「ニーズをきちんと把握」しているかどうかという話ではなく、私たちの日々のコミュニケーションや1つひとつの仕事上の段取り、毎日のアウトプットなどがそもそも、「目的（相手のニーズ）にぴったりと合っているかどうか」ということです。

誰しもこのような経験があると思います。

○先週のうちにアポをとれなかったので、最短のアポが来週になってしまった。
○膨大な量の仕事が一気に来てしまい、結局一番重要なミッションを間に合わすことができなかったが、これは量が多すぎたためしょうがない。
○仕事をたくさん抱えて1つずつこなしているため、15分で終わる仕事に着手するのが結局1週間後になってしまった。
○アンゾフの製品—市場マトリックスや3C分析など一通りスライドに入れてみたが、それぞれの「結論は？」と聞かれて沈黙してしまった（または薄ーいロジックでその場をしのいだ）。
○SWOT分析をやってみたが、結局強みと弱みしか使わなかった（しかも相対的な強み弱みがどの程度かの裏づけをつけられなかったため意味がなかった）。

これらがいわゆる「目的を考えないで突っ走ってしまいました症候群」です。「経営知識はあるが現場で使えない」と言われる人や、「いちいち作業を指示しないと動けない」テンプレート人間と呼ばれる人たちが、このような症候群の主な患者です。

しかし、これらは大小あれど人間である限り実は誰にでも必ず起こるもので、これらのミスを極限まで少なくすることはできても、ゼロにすることはできないのかもしれません。

ではどうすればよいのでしょう？

逆に言えば、この症候群にかかってしまった人がまわりにいたとき、その人たちのミスを最小限にできるような「しくみ」を考えることが一案かもしれません（もちろん自分に当てはまる場合も同様です）。

次のような3つのチェックはいかがでしょうか。

①ニーズ（目的）を具体的に掘り下げてヒアリングする

（例）事業計画を作ってほしいと言われたとき（言ったとき）、それが何のための（どのような意思決定ができるための）事業計画か、そして、そのためにどのような項目を特に掘り下げて、検討すべきかなどを「突っ込む」（ここでの突っ込みが足りないとぼやける）。

②確認した掘り下げられたニーズ（目的）を元に準備（設計）を考える

（例）そのために、どのような情報が必要で、どのように作業に優先順位をつけて、いつまでに、何をすべきか、もしそれぞれの情報が収集できなかったら、何で代替するかを書き出す（考えるだけでなく書かせる。ここで書けないような曖昧な仕事の進め方では、仮説思考ができず間違いなくリサーチだけで時間が過ぎてしまう）。

③その確認された掘り下げられたニーズを継続的に確認しながら作業を進める

（例）1週間後に自分が目的とちょっとずつずれていた作業をしていたのなら、確認する期間を3日ごとに、それでもだめなら1日ごと、1時間ごと、5分ごとと極限まで自分に対するツッコミを入れて確認する頻度(このサイクルが短ければ短いほど目的とずれない)を多くする。

このように、すべきことは明確ですし、皆わかっていることではありますが、上記3つのステップのうち、最も軽視されているところが①ではないでしょうか。目的の掘り下げが中途半端でぼけていたら、できあがったアウトプットやおこした行動を正しい方向へ導ける確率は皆無です。

一方、目的の掘り下げが完璧にできているのにアウトプットができないのはよほどひどい物忘れの気があるか、緊張感（危機感）が足りないかのどちらかです。

さきほどの症候群チェックの事例を振り返ると、このようになります。

○先週のうちにアポをとれなかったので、最短のアポが来週になってしまった。
⇓アポをとること自体に時間はかからない。しかし、相手がいる話であるため、時間調整に時間がかかることは明確

実際は、1秒でも先に（優先順位を高く）まず短時間で済むアポ取りを終わらせる必要があるにも関わらず、今日の午後のアポの企画書作りや社内ミーティングを先にしてしまった。

「今週のアポを埋めるためには（目的）」先週のうちにアポをとる必要があるということはわかっていても、目的をきちんと考える努力が足りなかったと言えますよね。では、この場合はどうでしょう。

○膨大な量の仕事が一気に来てしまい、結局一番重要なミッションを間に合わすことができなかったが、これは量が多すぎたためしょうがない。
⇓時間は誰でもない（時間は自らつくるもの）

このような仕事のやり方では、じきに派遣社員かロボットにとって代わられますね。「間に合わせるにはどのような仕事の順番、中身の精査、アウトプットの程度にすべきか」を考えることが、「重要な問題を間に合わせて解決する」という目的を満たすための最初のステップ。やるべき作業の洪水に溺れて、重要な問題を間に合わせるという目的を考えることをやめてしまった典型であることを認識すべきです！

ではこんなケースは？

○仕事をたくさん抱えて1つずつこなしているため、15分で終わる仕事に着手するのが結局1週間後になってしまった。

⇓これもアポの例と同様。いくら緊急でなくても1つ終わらないと次の仕事ができないというような仕事のやり方では、重要な案件が2つ以上でてきたときクラッシュしてしまう。

そして、この場合は？

○アンゾフの製品―市場マトリックスや3C分析など一通り使ったが、それぞれの「結論は？」と聞かれて沈黙してしまった（または薄ーいロジックでその場をしのいだ）

⇓アンチMBAの人事部長がよく言う「MBAは使えない」論の筆頭に上る事例。（もちろんアンチMBA人事部長のこの理論は「例外的な事例でロジックを作っている誤った理論」ですが、少なくない気もします（苦笑））

最後にもう1つ……

○SWOT分析をやってみたが、結局強みと弱みしか使わなかった（しかも相対的な強み

弱みがどの程度かの裏づけをつけられなかったため意味がなかった）。

⇓前記同様（これも多いですね）。目的を軽視しているので、「何のために経営のフレームワークを使うか」という最も重要なことをないがしろにして、掘り下げて考えないために起こる。

いわゆるロジカルシンキングでは、物事の問題の原因や対策を追求するために、原因や対策をモレ、ダブリなく（ＭＥＣＥ）、しかも因果関係に注意しながら考えていきます。

しかし、途中のロジックやＭＥＣＥ以上に見落としがちなのが、最初の段階での「そもそも論としての目的の精査」です。

どうしても人は途中で引き下がることは苦手（嫌い）なようで、一度ある（独りよがりの）解釈の下、リサーチや企画書、レポートをつくりだしたり、ある方向性で行動をしだすと途中で引き下がることができなくなってしまうようですね。

つまり、立ち止まって今の自分の立ち位置を確認するということそのものが、頭から吹き飛んでしまうようです。

まるでギャンブラーです。当初は、「生活費まで使ってはいけない。このままでは破産する」と言っていた保守的なベンチャー経営者が、ある時点を境に判断の基準が飛んでしまい「ここまで使ってしまったらもう引き下がれない」と典型的な「勝つまで賭け続ける」といった最悪の意思決定をしてしまいがちです。

外資系のある戦略コンサルティングファームでは、「1時間仕事をしたら必ず5分間仕事をとめて、考えよ」といった類のルールを設け、自分の「立ち位置」を常に確認させるよう促しているそうですが、これはまさに「目的と方向性がずれていないか」の確認をしているということですね。

戦略コンサルタントでさえ、心がけないと落とし穴にはまってしまうのですから、その重要性はもっと再認識したいものです。

当然、部下に指導する際は、「何でわからないんだ、お前は」的な指導でなく、当然、「ミスをしないために上司としてどうすればよいか」という視点で考え、「ガイド（前出のステップ①～③をチェック）する」必要があります。

もちろん、①も②もできて、③ができない危機感が圧倒的に欠如した人（または重度の物忘れの人）に対しては、危機感を高めるための厳しい指導が必要かもしれませんが。

2 お客さまは神様でない？

ここまでは、目的がぼやけたまま暴走機関車のようにみな走り続けてしまう（目的のある仕事ではなく、単なる「作業」になってしまう）危険性について考えてきました。

ここからは、特に「お客様のニーズ」についてさらに掘り下げてみたいと思います。

●誰にとって「最善のサービス」か？

まず最初に、重要なポイントでありながら、忘れがちになるものがあります。それは「いかに最善なサービスレベルを考えるか」ということではなく、いかに「自社にとって」最善のサービスレベルとは何かを考えるかということです。

この「自社にとって」というポイントは、自社の経営方針、人で言えば人生哲学のようなものなので、実は最も重要な基軸となるべきところなのですね。現実的には、これがなかったり、あってもいたるところで「矛盾しまくり！」というお飾りの会社がほとんどですよね。

たとえ自社が2兆円という潤沢な現預金を持っていたとしても、それがよいことか悪いことかは自社の事業を営む上での基本方針によるものですので、なんの前提もなく一概によいとか悪いとか言うことはできないんですよね。

できるとすれば、「資本効率の観点から見て」よいとか悪いとか言える程度でしょう。

純粋に投資の原則から考えると、トヨタのように海外の投資家から「資金の有効的な運用ができていない。レバレッジを上げるためにもっと設備か新規事業に投資すべきだ」という意見が出るかもしれません。

一方、「当社は創業期に深刻な倒産の危機を体験し、重要な従業員の首を切らざるを得ないことがあったが、それが今の当社のすべての原体験となっている。どんなに大きく成長しても、二度と同じことをおこさないような体制をつくることこそが、企業運営の大前提となっている」という場合は、誰も「それは間違っている」とは言えないでしょう。それが同社の原点であり、事業を営む上での大前提となっているのですから。

●「どんな」顧客のニーズを探しているのか？

経営の分野には多くの原理原則がありますが、それだけで経営はできないのは言うまでもありませんよね。前述の会社の大前提（存在意義やそれに伴う「方針」）があってはじめて組織をまとめ、一貫性のある事業の運営に力を集中できるのですから。

これと同様、会社のいたるところに方針（一貫性の取れた軸や「意志」）がないがしろになったまま作業に没頭している例が見られます。

「お客さまのニーズ」に対する評価やその情報の使い方もその一例です。お客様は重要ですね。「そんなことわかっている！」とみな言われます。ただ、お客様は決して神様ではありません。そのココロは？

●お客さまは神様でない？

「お客様は決して神様ではない」と言っても、決して「お客様は馬鹿だ！」と言っているわけではありません。正確に言うと、「すべてのお客様は神様でない」ということですね。

お客様アンケートやグループインタビュー、覆面調査などを行うと、必ずと言っていいほど何百種類もの改善点、潜在的改良点が出てきます。

そして、多くの場合、それらを盲目的に活かそうとしてしまいがちです。実際上司や会社内の会議でもいつも、「お客様の気持ちになって考えろ！」、「ニーズをつかめ！」、「それは顧客思考じゃないだろ！」といった言葉が飛び交っていますしね。

担当者にしてみると、せっかくニーズを聞いたのだからそれを活かさないと意味がないと思うのですが、ここに落とし穴があるんですね。

誰でも価値観や嗜好は違います。その個々人の間で千差万別である価値観や嗜好をすべて満たそうとする行動っていったい……、と冷静に考えると頭ではわかりますが、結構矛盾だらけの改善点にリソースを浪費することも多いのではないでしょうか。

たとえば、いくら今はやりのコンシェルジュのように手取り足取りの丁寧な店員さんがお店にいても、「なんて親切なんだ。これは便利だ」と思う人がいる一方で、「うーん、うざい……。今度から店を変えよう」と思う人がいるのも当然です。

このときアンケートでいくら「丁寧なコンシェルジュのようなサービスがほしい」と書いてあっても、それをそのまま実践するのであれば、「そんなもの、ロボットでもできる!」というお話になってしまいます。

「お客様のニーズ」というマジックフレーズによる思考停止の代表的な病状だと思います。ではどうしたらよいのでしょうか?

これまで何度か出てきましたが、やはりとにかく自分（部下）に対して気づきを増やすことです。その気づきのサイクルをいかに短く、早く、そして深く掘り下げることで、より多くの気づきを得て、ラーニングカーブを上げていくかということです。

それを「自分ツッコミ」（自分に対する1人ノリツッコミ）と名づけます。たとえて言うと、こんな感じです。

「アンケートによると、値段が半分で、品質が3倍で、耐久性もあり、落ち着いたデザインで、インパクトのある斬新な製品が求められているんだな……って、おい！　どんな製品やー」

この自己ツッコミを1日のうちにいくつ出せるか？　これが成功の鍵を握っていると言えるのかもしれません。

3 神様を探せ！

ここまで、「すべての」お客様が神様ではないということを考えてみました。いや正確に言うと、すべてが神様であってはいけないのです。あとは、どう神様を探すかが問題です。

●「お客様のニーズ」に対する自分ツッコミの必要性

マネジャー（経営者）として採るべき意思決定はなんとなく合言葉のように使っている「お客様のニーズ」という言葉に対し、アンケートをとったり、集計結果を分析する前にツッコミを入れる必要があります。

「自社がファンにしたいお客は誰？」
「そもそも正反対のニーズもあるけど、それってどうよ？」、

「ニーズを満たしてどうするの（!）?」

まとめると、具体的に4つのステップに分類されます。これによりぼやけた（曖昧な）「顧客ニーズ」をクリアにすることができます。

「①どの顧客に購入してもらいたいか」
「②その顧客のニーズの程度はどうか」
「③その程度と現実のギャップはどうか」
「④そのギャップをどの程度埋める努力を経営方針として行うか」

これらはサービスマーケティングの分野で特に研究されている顧客維持のための基準の1つがベースとなっています。ぜひここで面倒でも考えるだけでなく、実践してみましょう。

ステップ1：どのお客様に購入してもらいたいか？（どのお客には購入してもらいたくないか）

顧客維持マーケティングの第一人者といわれるベインアンドカンパニー名誉ディレクターのライクヘルドをはじめ、多くの専門家が指摘し、多くのマーケッターが実践しようとして実際にはなかなか徹底できない典型的なポイントです。みなさんも身に覚えがあるのではないでしょうか？

これは、ターゲティングで言う「絞込み（市場セグメントの選定）」だけを意味しているわけではありません。

ここでのメッセージは、「いくら対象者以外の顧客に（想定外にも）購入いただける場合であっても、いかに「対象者以外の人に購入してもらわないようにするか」を考えることを意味します。

たいてい、「購入してくれるお客がいるなら別に買ってもらってもいいじゃないか」と考えてしまいがちですが、短期的に売り上げが上がっても、実際に希望しないお客を取り込むことで被る機会損失（顧客対応、クレーム処理、値引き交渉など）のほうが購入によってもたらされる利益をはるかに上回ることが実証されています。

遅かれ早かれ他社へ離反するか、そのような顧客を抱えるための維持コストで結果的に損失が大きくなると言われているのです。このあたりは残念ながら意思決定者が優秀でないと、なかなか目先の利益にとらわれて常に忙しいだけの自転車操業から抜け出せないものです。

いわゆるターゲティングで決めた狙うべきセグメントをさらに細かくして自社が希望する顧客を特定し、その顧客に満足してもらえるサービスだけを開発することで、少なくとも特定の顧客には固定客になってもらおうということです。

顧客維持の点でも、顧客対応コストが削減され、ファンであれば、たとえ他社で1割安いいサービスが出ても簡単に離反せず（その付加価値がいわゆるブランド）、しかも知人友人に宣伝（Reference）してくれるメリットがあると言います。

顧客維持力を測るためのツールや制度がこれまでたくさん開発されてきましたが、最新のライクヘルドの研究でも、「知人、友人に（その商品またはサービスを）紹介したいか」

という1つの質問だけで、最も実際の顧客維持の結果との高い相関がとれると言っています。

自社が欲しい顧客のタイプが絞られていないと、この質問に対する回答も分散してしまうことになるでしょうね。

同じようなサービスを同じような価格で提供する競合にあふれる現代の競争環境では、やはり絞り込みの「程度」もこれまでのやり方を180度変えて実践する必要があるのですね。

もちろん、コンシェルジュのようなワントゥワンマーケティングまで進めてはだめ？ということではありません。重要なことは、「製品・サービスのコンセプトとして最低限どの顧客を選ぶのか」という意思決定を行ったうえで、価格や事業方針、顧客の状態に応じたワントゥワンマーケティングを実践する設計（Design）を考えることなのでしょうね。

どうしても没頭すると、ゼロベース思考ができずに、二者択一になってしまうものですが、Ａ or Ｂといった二者択一で決めるような単純な話にしてしまうのは危険かもしれません。

ステップ２：「購入してもらいたいお客様」の持つニーズはなにか？

購入してもらいたいお客（購入してもらいたくないお客）を「超」具体的に決めることができれば、次はその顧客が「評価」をする価値を冷静に考えて、サービスの範囲を決めます。

ケロッグスクールのマーケティング戦略でも後者のサービスについて考える観点を、「サービスオファリング（標準の汎用的な価値提供とは別個に、ヘビーユーザーなどの優良顧客を中心に、オプションサービスを無償または有償で提供するサービスの顧客間差別化）」として、どのような顧客にどのようなサービスのレベルを、いつ、どのような条件で提供することで「顧客維持」を行っていくかを説いています。

ステップ３：「そのニーズと自社のサービスのギャップはどこにあり、どの程度開きがあるか」

「購入してもらいたいお客さんが評価をする価値」を明確にすることができたら、次は実際とのギャップ（そのニーズの充足度）を確認することができます。

覆面調査や消費者調査の実質スタンダードとなっているサービス品質の評価方法の1つであるSERVQUAL（サーブクオル）では、5つのギャップをきちんと測ることで、「なんとなく顧客のニーズを満たしている」というあいまいさを徹底して排除する狙いがあります。

測定する5つのギャップは以下のとおりです。

① 「該当業界における顧客の期待」と「実際に認知されたサービスレベル」のギャップ
② 「顧客の期待」と「サービスの目的（そもそものコンセプト）」のギャップ
③ 「サービスの目的」と「サービスの仕様」とのギャップ
④ 「サービスの仕様」と「実際の提供状況」のギャップ
⑤ 「実際の提供状況」と「消費者に対する価値提供の告知（コミュニケーション）」のギャップ

もちろん、それらの前の段階で、企業コンセプト（ビジョンと戦略）の再確認（再設定）や、企業コンセプトに基づく目標値の設定など、全体の一貫性をとるための大前提なしには小手先の「ニーズ把握」になってしまうのは言うまでもありませんが……

ステップ4：「どのギャップをどの程度埋めるか」

ここまで来ると、ある程度すべきことに関する優先順位がついてきますが、当然最後には「実行可能かどうか」という点で、そのニーズを満たすためにどの程度のリソース（コスト、人材）を投入できるか」という身の丈を確認する必要があります。

結局はどんな戦略オプションも、（その戦略の）「魅力度」と「実現可能性」の2軸で決めるしかありませんからね。

顧客満足を掲げ、数々の調査を行い、努力している企業は多いですが、簡単に言えば、「人手とお金をかければいくらでも満足度を上げることができる」のは小学生でも予想がつきます。

しかし、実際は、「他社へサービスを乗り換えた顧客の8割が従来のサービスに満足である」というデータが示すとおり、ぼやけた顧客ニーズの把握とその対策による意味のない顧客満足と売り上げは必ずしも因果関係があるとは限らないのです。

ですから、「特定の顧客」の「本当のニーズ」を徹底的に分析し、それらを満たすバリューを丁寧に検証する必要があるんですね。

実際は、ある特徴を持つ顧客を増やすために、「どの要素の」顧客満足度を上げる必要があるか。そしてその満足度を高めるために、どのようなサービスの内容や程度を考える必要があるかという点にこそ、真の「顧客ニーズ」をつかむ意味があるのですね。

ほかにもなんとなくぼやけた「顧客ニーズ」の例と同様の例があります。

それはクレーム対応です。よく「中にはクレイマーもいるから、何でもお客の言いなりになっていたらだめだ」などという話を聞きます。

ここまでの話でも、「お客様は神様ではない」という話なので、「そうそう」とうなづいた方もいらっしゃるのではないでしょうか。

しかし、それは明確に違うと言います。

クレームの例（「中にはクレイマーもいるから、何でもお客の言いなりになっていたらだめだ」）というのはあくまで「推測」に過ぎず、定量、定性的に分析をすると、根本的に違った状況が見えてきます。

実際ほとんどの会社では、顧客の1、2％程度が意識的な不正（確信犯）を働くにすぎないことがわかっていますが、多くの組織が苦情を申し立てる顧客に対し、クレイマーと仮定して防衛を図っていると言われます。

つまり、1~2％の苦情常習者に対応するために、残りの98％~99％の正直な顧客もまるで常習者であるかのように扱っているのです。（*Source: John Goodman et al., "Improving Service Doesn't Always Require Big Investment, "The Service Edge, July-August 1990,

3に引用された発言）

実際、顧客が離反するのは、サービスなどになんらかの苦情を出し、その苦情に対して満足する対応をされなかった場合がほとんどと言われています。

つまり、1回の不満ではそのまま顧客離反につながるわけではなく、不満に対する対応の不備という二重の連続した不満がたまったときに顧客が離れていくことがわかっています。

苦情の対応に不満であった人の89％が二度とその組織と取引することはないと言い、これらの苦情対応について、本社または本部が把握している割合は5％程度に過ぎないと言われています。

つまり、いくらよいサービスで顧客ニーズを満たそうと努力していても、上記のような対応をしてしまった時点で、お客さんの「自分に疑いを持たれたくない」「きちんと個人として対応してほしい」という最低限満たすべき「顧客ニーズ」を完全に裏切ってしまうことになるんですね。

要はみな頭ではわかっていても、いざ具体的に決断をしようとすると、合理的な意思決定ができないことがほとんどということなんです。

それも考えてわからないからではなく、考えないでわかったつもりで結局は荒っぽい判断をしてしまうことが「お客様は神様です!」というような盲目的な全お客様至上主義に振り切れてしまったり、いちいち対応してられないと「買いたくなければ買わんでえーわ」と極端な方に振り切れてしまうのですね。

「お客さまのニーズをつかめ」

使い古されて盲目的に場当たり対応しているこれらのキーワードにも日々ゼロベースで自分ツッコミを入れ、「意味」のある「正しい意思決定」を心がけたいものです。

あとがき　～（相手に言う前に）自分に厳しく～

「自分に厳しく、他人に厳しく」の落とし穴

本書では、いわゆる経営の原理原則だけでは足りないポイントや落とし穴、現場に落としこむ際に必要となる補足ポイントについてオムニバス型式で見てきました。

しかし、最後に重要な共通の指針を共有しておきたいと思います。

「自分に厳しく、他人に厳しく」……これって一見いい心がけのように思えます。

よい組織はみな妥協しないで、ベストを追い続ける。そして、その結果「自分にも、他人にも厳しく」なるのは、ある意味当然かもしれません。

しかし、この「自分に厳しく、他人に厳しく」ということに、オーナー社長や大企業の管理者が陥りやすい罠が潜んでいると言われると、どう思いますか？　そうなんです、最終的に重要なことは、他人ではなく、いかに自分をどこまで変えられるかということに行

き着くのですね。

「自分に厳しく（他人に厳しく）」

最も典型的なケースは、「自分に厳しいが、他人にはより厳しくなっている」ケースです。何か問題があったとき、10対ゼロで相手が悪いというケースはそれほど多くありません。当事者だけでなく、制度の問題もあるかもしれません。しかし、何かの問題がおきたとき、自分に厳しく他人に厳しい人は、まず他人を強く叱責することが多いと言います。たとえ自分の管理ミスであっても、「どちらがより大きいミスか」という視点で、自分が49％ミスを負っていても、相手のミスが51％になった時点で、「お前が悪い」となってしまうというのです。その際、指導する際の大義名分も「厳しく指導することで、学んでもらう」ということになります。

これらは、平常時にはそうはなりません。また、抽象的に判断できる他人同士の問題の場合も冷静な判断ができることが多いと言われます。しかし、問題が大きくなった緊急時や、他人同士の問題から一転、自分も当事者に含まれたとたんに冷静な判断ができなくなることがあります。つまり、問題の責任が他人同士の場合は、水戸黄門よろしく冷静に判断できていたのが、自分にも責任が問われ出すと、とたんに「自分の全人格が否定されたかのように」すべてを拒絶して怒り狂う上司がいます。

本来、冷静に自分にも厳しい場合は認めて改善すればいいだけですが、認めることができない。自分は上司たるもの「完璧でなくてはいけない」とでも思ってしまうのかもしれません。

部分最適と全体最適　～組織にとって最も必要なこととは?～

人はみな正常時は大抵問題なく行動できます。しかし、非常時にこそ、その違いが明らかになるのですよね。先ほどの例では、何らかのミスなど問題が起こったとき、自分が否定されると、とたんに自分と他人のどちらに「より厳しく」なるかといった相対比較で、結論を出してしまいがちになることなんですね。

たとえば、自動車事故がおこったとしましょう。赤信号を無視した上でのひき逃げなど、よっぽどのことがない限り、「10対0でどちらかの責任」といったことはないですが、ここでたとえ、10対ゼロで自分が悪くても、もしその人が相手により厳しいと、「たとえ青信号であっても、当然ながら左右注意をして進むべきだ」となります。つまり、どんな場合でも周りや相手に原因を見出そうとすればできてしまうんですよね。

別の言葉で言えば、このような上司やリーダーは全体最適でなく、部分最適の行動をとってしまっているということです。

当然、会社組織の強さは、個人事業主の集まり（部分最適の総和）ではなく、チーム（グループ）の集合としての組織力（全体最適）によって決まります。

たとえスーパープレイヤーが1人いたとして、普通の人の2、3人分の仕事をできたとしても、100人分、1000人分の仕事を1人の力ですることはできません。1人のリーダーが1万人のメンバーを統率できなくても、そこに10人のマネジャーを置き、各マネジャーが50人ずつ部下を管理することは可能で、その部下がさらに20人ずつ部下を管理することができれば、実質1人のリーダーで1万人を管理できます。これが組織の原理ですよね。つまり、重要なことは統率する「仕組み」です。ところが、何か問題がおきたとき、必ずと言っていいほど「あれは○×のミスでおこってしまった。あいつはいつもその傾向はあって、起こるべくしておきた」といったことだけが注目されます。

しかし、本来、全体最適（組織全体）にとって、「誰が、どの程度悪かったか？」といったことそれ自体はあまり重要ではありません。本来必要なことは「なぜこの組織でそのような問題がおこったか」ですよね。それだけを考えていくと、最終的な対策は「組織として、どう防ぐことができたか」です。たとえそれが100％ある担当の責任だったとしても、「なぜ自分たちでそのミスを防げなかったのか？　事前確認やダブルチェック体制などで対応はできなかったのか？」と原因を周りの環境や他人に押し付けるのではなく、常に自分に起因させることが重要になりますね。

自分に厳しく、相手にも厳しいと、自分たちが客観的な判断ができない場合、結局「自分に対する厳しさ」VS「相手に対する厳しさ」の相対比較になり、1％でも相手の落度が大きいと相手のミスを指摘する思考回路に振り切れてしまうことになることが多いのです。全体最適、つまり組織全体で考えると、「人間はミスをする」という前提でいかに組織・制度づくりをできるかを考えることが必要ということですね。

逆に言えば、皆がバランスのとれた的確な判断を持ち合わせていれば、「自分に厳しく、相手にも厳しい」というのを実践させ、かつ全体最適を確立できるでしょう。

しかし、実際のところ、多くの組織はそうではありません。だから、本来頭のいいスーパービジネス集団であるはずの多くの大企業では現場が冷めきっているのです。

よく「○×だってできていない」といった小学生レベルの言い訳をして、上司もあまり深く考えることなく「そうか、それは確かにマズイな」と受け入れてしまうこともありますが、それも部分最適です。本来は「できていない○×は別途指導する。今は問題の原因を冷静に考え、行動が正しかったか正しくなかったかを話しているんだ。そして、正しくなければ、どう改善すべきか、その行動をわれわれがどうチェックすべきだったかを一緒に考えよう」とならなければいけないのですね。これがまかり通ると、「あいつだって殺人しているじゃないか」というようにとんでもないことも正当化されてしまいます（笑）。

重要なことは、組織構成員すべてが全体最適のために、「他人よりも自分に厳しく」を実践することです。

これらの実践によって、私たちは世界の中でも日本人の強みを経営の中で浸透できるかもしれません。相手がどうこう言う前に、まず自らの思考や行動を変える。これこそが日本の伝統的な「気働き」文化であり、この文化を経営組織においても確立できれば、日本経済の第二創業とも言える新Japan Inc.（日本型経営）が生まれるのかもしれません。

【著者紹介】

山中英嗣（やまなか・ひでつぐ）

国内大手通信会社、移動体通信関連成長企業を経て、ロンドン・ビジネス・スクール（LBS）の新規事業に参画。1999年同校のMBA同窓生キャリア支援サービス（現Global Workplace）の世界規模ネットワーク化及び法人化（本社ロンドン）に取り組む。LBSに加え、MIT（マサチューセッツ工科大学）をはじめとする世界18カ国58校の主要経営大学院が共同で運営するMBAホルダー公式キャリア支援サービスへと発展させる。

日本においては、2000年に事務所設立後、労働市場の構造的問題によりミスマッチの多かったミドルマネジメントの最適配置とミスマッチ回避のため、戦略の実行に特化したアウトソーシングを行う常駐業務支援事業※"The Executive S.W.A.T."を世界に先駆けて企画。本部より承認を受けた2001年3月に同事業を中心に法人化(現グローバルタスクフォース株式会社）し、代表取締役に就任。

著・共著書は「通勤大学MBA」シリーズ、『ポーター教授「競争の戦略」入門』、『あらすじで読む世界のビジネス名著』（いずれも総合法令出版)、『図解わかるMBA！』、『図解わかる！ MBAマーケティング』（いずれもPHP研究所）など約40冊を超える。世界最大のMBAフェア「The World MBA Tour」の日本における開催責任者を兼務するほか、国内外4社の事業会社の取締役を兼務。

※ Executive S.W.A.T. について

大企業のグループ再編や上場前後の成長企業向けに直接、またはファンドやコンサルティングファームの意向を受けて、経営企画、営業企画、財務、IR、M&A等の特命プロジェクトのリーダーおよびリーダー補佐を含むチームを内部の人間として送り込み、常駐・実行する戦略の実行を内部のチームとして遂行するサービス。常駐開始後1年後を目安に会社と常駐メンバー間の相性を見て採用への移行を促進することでレジュメや面談のみによる直接採用で発生するミスマッチを防ぐ。これまでに、伝統的大手企業グループの再編（子会社群の合併・上場）や新興市場へ上場した後に明確な戦略を打ち出せず停滞する小規模ベンチャー企業など、約20件のプロジェクト実績がある。プロジェクト期間は常駐の場合1年～3年、非常駐の場合3カ月から。

グローバルタスクフォース公式URL:http://www.global-taskforce.net
日経Biz C.E.O. http://www.global-taskforce.net/nikkei(共同サイト)

なぜか思考停止するリーダー

2006年2月14日　初版発行

著　者　山中英嗣
発行者　仁部　亨
発行所　総合法令出版株式会社
〒107－0052　東京都港区赤坂1-9-15 日本自転車会館2号館7階
電話　03-3584-9821（代）
振替　00140-0-69059

印刷・製本　中央精版印刷株式会社

ISBN 4-89346-944-4

総合法令出版ホームページ　http://www.horei.com

グローバルタスクフォースのMBA関連図書

◆ビジネスバイブルシリーズ

世界中のビジネススクールで採用されている“定番”
ビジネス名著を平易な文章と豊富な図表・イラスト、
体系マップでわかりやすく解説！

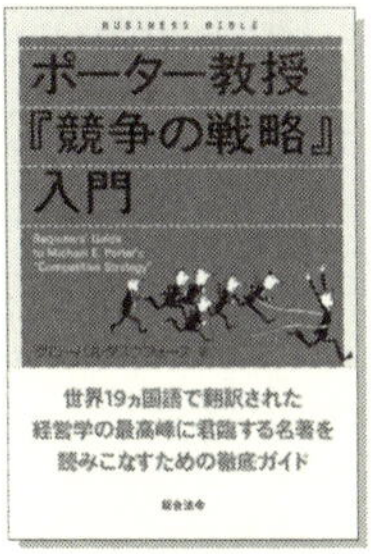

ポーター教授
『競争の戦略』入門

世界で初めて競争戦略を緻密な分析に基づいて体系的に表したマイケル・E・ポーター教授の代表作を読みこなすための入門書。業界構造の分析（ファイブフォース）、3つの基本戦略、各競争要因の分析、戦略の決定までを余すところなく解説。

1800円

コトラー教授
『マーケティング・マネジメント』
入門Ⅰ

40年間にわたり読み継がれているマーケティングのバイブル。前半を解説した本書では、マーケティングの全体像を網羅した上で、マーケティング戦略に関する体系的な理解を得るためのSTP（セグメンテーション、ターゲティング、ポジショニング）を把握する。

1600円

コトラー教授
『マーケティング・マネジメント』
入門Ⅱ 実践編

フィリップ・コトラー教授の名著『マーケティング・マネジメント』後半を解説。Ⅰで策定した戦略に基づき、どのようにマーケティングの4P（製品、価格、チャネル、プロモーション）の組み合わせを考え、一貫性のとれた戦術を策定するかを学ぶ。

1600円

表示価格は本体価格です。別途、消費税が加算されます。

総合法令出版